UNIVERSITÉ DE FRANCE.

ACADÉMIE DE STRASBOURG.

THÈSE
POUR LA LICENCE,

PRÉSENTÉE

A LA FACULTÉ DE DROIT DE STRASBOURG

ET SOUTENUE PUBLIQUEMENT

le Mardi 19 Août 1851, à 4 heures de relevée,

PAR

ERNEST BOUCHON,

de Neufchâteau (Vosges).

STRASBOURG,

DE L'IMPRIMERIE D'ÉDOUARD HUDER, RUE DES VEAUX, 27.

1851.

A LA MÉMOIRE

DE MON PÈRE.

A MA MÈRE.

E. BOUCHON.

A MON ONCLE.

MONSIEUR BOUCHON,

Conseiller à la Cour d'appel de Metz.

E. BOUCHON.

FACULTÉ DE DROIT DE STRASBOURG.

MM. Rauter ✳ . . . . . doyen et professeur de procédure civile et de législation criminelle.

Hepp ✳ . . . . . . professeur de Droit des gens.

Heimburger . . . . professeur de Droit romain.

Thieriet ✳. . . . . professeur de Droit commercial.

Aubry ✳. . . . . . professeur de Droit civil français.

Schützenberger ✳ . professeur de Droit administratif.

Rau ✳ . . . . professeur de Droit civil français.

Eschbach . . . . . professeur de Droit civil français.

Blœchel ✳. . . . . professeur honoraire.

Destrais. . . . . . professeur suppléant.

Luquiau . . . . . . professeur suppléant.

Wernert . . . . . . secrétaire, agent comptable.

MM. Schützenberger, président de la thèse.

Schützenberger,
Rau,
Eschbach,
Luquiau, } examinateurs.

La Faculté n'entend approuver ni désapprouver les opinions particulières au candidat.

DROIT CIVIL FRANÇAIS.

INTERDICTION JUDICIAIRE.

(Art. 489-512, C. civ.)

NOTIONS HISTORIQUES.

L'interdiction judiciaire existait chez les Romains; et si le mot lui-même n'est pas dans la législation, du moins l'institution y était-elle: les causes d'interdiction étaient la démence, l'imbécillité, la fureur et la prodigalité.

Dans notre ancienne jurisprudence, l'interdiction judiciaire existait, telle que l'avait créée le Droit romain : les causes et les principes étaient les mêmes. De même que la loi romaine, l'ancien Droit français reconnaissait, comme causes d'interdiction, la folie, l'imbécillité et la prodigalité. La révolution de 89 amena dans la législation française une réforme nécessitée par une foule de motifs graves, et surtout par le besoin d'une législation uniforme pour toute la France. Les rédacteurs du Code civil adoptèrent, sans discussion, les dispositions de l'ancien Droit, qui faisaient de la folie, de l'imbécillité et de la fureur

B.   1

des causes d'interdiction, et sur ce point ils n'avaient point à hésiter ; c'était là une loi que leur prescrivaient la raison et le droit naturel. Mais une discussion sérieuse s'éleva au sujet du maintien de la prodigalité au nombre des causes d'interdiction.

Entre les deux extrêmes, qui consistaient ou à faire de la prodigalité la base d'une action en interdiction, ou à ne pas lui donner place dans notre Code, on choisit un terme moyen : le conseil judiciaire. C'était là assurément le moyen le plus sage que pussent choisir les rédacteurs du Code civil ; par là ils laissaient aussi entière que possible la liberté de la propriété, en donnant cependant des garanties à la famille et à l'État, contre les résultats dangereux de la prodigalité.

DÉFINITION.

L'interdiction judiciaire est l'effet d'un jugement, qui interdit, dans certains cas déterminés par la loi, à l'homme devenu majeur, l'exercice des actes de la vie civile dont son âge le rend capable.

PREMIÈRE PARTIE.

Période antérieure au jugement d'interdiction.

CHAPITRE PREMIER.

Pour quelles causes l'interdiction peut-elle être provoquée ?

Aujourd'hui l'interdiction ne peut plus être prononcée que pour imbécillité, démence ou fureur.

Dans l'ancienne jurisprudence, la prodigalité était admise au nom_bre des causes, qui pouvaient faire remettre le majeur en tutelle. Comme nous l'avons dit plus haut, une discussion s'éleva, au sein du conseil d'État, au sujet du maintien de cette disposition dans la nouvelle législation. Parmi les membres du conseil d'État, les uns, adversaires de ce maintien, alléguaient, entre autres motifs :

1° Que, par rapport à sa nature, la prodigalité était difficile à établir, à moins qu'elle le fût par des actions publiques ; que faire rendre compte aux citoyens de l'état de leur fortune, de l'usage qu'ils en faisaient, de la manière dont ils l'administraient, c'était autoriser une vexation destructive du droit de propriété ;

2° Que, sous le rapport des personnes appelées à provoquer l'inter_diction, la demande était odieuse de la part des enfants et de la femme : que la femme non-commune en biens n'avait pas d'intérêt légal à empêcher les dissipations de son mari ; que la femme commune avait un moyen bien plus honnête de prévenir les dangers qui la menaçaient, la séparation : que les enfants ne pouvaient être admis à scruter la conduite de leur père : le respect qu'ils lui doivent s'y oppose ;

3° Que, par rapport à ses effets, cette espèce d'interdiction était inutile : car elle ne peut être poursuivie que quand la fortune du prodigue est déjà dérangée ;

4° Qu'enfin, quant à l'État, il n'avait pas d'intérêt à l'interdiction du prodigue : que ses dissipations ne diminuait pas la masse des richesses nationales ; qu'elles se bornaient à déplacer les biens (Discours de M. Tronchet ; Locré, Législation civile, 7, 330).

Les partisans de l'ancien Droit répondaient à ces considérations :

1° Que, sous le rapport de la nature de la prodigalité, s'il y avait difficulté à fixer les limites au-delà desquelles elle commence, parce que la propriété est le droit d'user et de disposer d'une manière absolue, cependant ce motif ne pourrait faire impression qu'autant qu'il se serait agi d'une action nouvelle et inconnue ; mais que, comme la prodigalité était depuis longtemps une cause d'interdiction, l'expérience et l'usage avaient éclairé sur la manière de reconnaître quand elle existait ;

2° Que, sous le rapport des personnes, il ne suffisait pas de s'arrêter à la femme et aux enfants ; qu'il fallait aussi tenir compte de la famille et du ministère public, chargé de réprimer les scandales capables de troubler l'ordre public ;

3° Que, quant aux effets, ils n'étaient pas si illusoires qu'on le prétendait ; que, si l'interdiction ne conservait pas au prodigue la totalité de sa fortune, elle lui en conservait au moins les débris, d'autant plus intéressants pour lui qu'ils étaient sa dernière ressource ;

4° Qu'enfin on ne pouvait voir là une question de finances ; que c'était une question de mœurs ; et que, d'ailleurs, la société avait intérêt à ce que ses membres ne se réduisissent pas à un état qui les incite au crime (Discours de M. Portalis ; Locré, Législation civile, 7, 331). Des deux côtés il y avait des considérations sérieuses : quoiqu'il en soit, on adopta un terme moyen, qui fut apprécié, comme il le méritait, par le Tribunat : voici quelles furent les paroles prononcées par l'orateur du Tribunat, en présentant au corps législatif le vœu d'adoption de ce titre : «Moins sévère que les lois des peuples anciens , la loi ne prononce pas de peines contre une passion qui peut n'être que l'effet d'une organisation malheureuse ; elle lui impose un frein : elle ne frappe pas, elle n'avilit pas ; elle éclaire, elle dirige, elle donne au prodigue un conseil dont l'assistance lui est nécessaire pour agir, engager, aliéner. La voix du Tribunat ne s'est élevée que pour rendre hommage à la sagesse de cette disposition. Elle ne blesse pas les attributs de la propriété ; elle concilie avec l'intérêt public celui de la famille et celui du prodigue lui-même» (Discours de M. Tarrible ; Locré, Législation civile, 7, 386).

D'après la législation actuelle, l'interdiction ne peut donc plus être prononcée que pour imbécillité, démence ou fureur (art. 489).

L'imbécillité est l'état de l'individu atteint de cette faiblesse d'esprit qui, sans aller jusqu'à faire perdre la raison, rend incapable de gouverner sa raison et ses biens.

La démence est l'état de l'individu qui, par suite d'un dérangement des organes intellectuels, est frappé d'une seule idée ou d'un seul ordre d'idées.

La fureur est l'état de démence poussé au plus haut degré, où le furieux est involontairement porté à des actions dangereuses pour lui-même et pour les autres.

L'art. 489 exige un état *habituel*: de là résultent deux conséquences:

1° Que l'on ne pourrait demander l'interdiction d'un homme qui a fait quelques actes de fureur ou de folie, parce que des instants de transport, d'emportement ou d'ivresse ne constituent pas l'état de celui qui se serait livré à ces actes;

2° Qu'il n'est cependant pas nécessaire que l'imbécillité, la démence ou la fureur soient continuelles et sans intervalles, parce que, pour être dans un état habituel de déréglement d'esprit, il n'est pas nécessaire d'extravaguer continuellement. Il y a des fous et des furieux qui ont des intervalles lucides, pendant lesquels ils paraissent avoir l'usage de leur raison: mais ces temps lucides n'étant point leur état habituel, ils n'en sont pas moins soumis à l'interdiction.

Pour donner lieu à l'interdiction, il faut que l'absence de la raison soit relative aux affaires ordinaires de la vie civile, au gouvernement de la personne et des biens de l'individu. Aussi ne devrait-on pas interdire celui qui s'égare dans des idées spéculatives d'une fausseté pourtant évidente, un homme à visions, si d'ailleurs il gouverne bien ses affaires, et si le public n'a rien à craindre de sa déraison.

Les tribunaux ne doivent admettre l'action en interdiction qu'avec la plus grande réserve; car elle prive un citoyen du libre exercice de ses droits; elle lui ôte la disposition de ses biens et souvent la liberté de ses actions: elle ne lui cause pas seulement une humiliation et un déplaisir extrême, mais elle porte aussi atteinte à sa réputation. Elle ne doit donc être prononcée qu'en cas de nécessité et seulement

quand l'intérêt de celui contre qui on la provoque, l'exige : car c'est
son intérêt plus encore peut-être que celui de la famille, que l'on con-
sidère, excepté cependant le furieux, qui est interdit moins pour son
intérêt que pour celui de la société, que ses excès menacent.

CHAPITRE II.

Contre quelles personnes l'interdiction peut-elle être prononcée ?

Tout majeur qui se trouve dans l'un ou l'autre des cas dont parle
l'art. 489, doit être interdit, lors même que son état présente des intervalles lucides.

La loi ne parle ici que des majeurs : elle n'a pas parlé des mineurs.
Ceux-ci étant de droit commun en tutelle, il n'y a pas la même nécessité de recourir pour eux au remède extraordinaire de l'interdiction.

Le mineur, même en état de démence, ne doit donc pas être interdit, mais peut-il l'être ?

La commission du conseil d'État, chargée de présenter le projet de
Code à la discussion, avait adopté la négative ; elle proposait, en conséquence, un article, suivant lequel la provocation en interdiction ne
serait pas admise contre les mineurs non émancipés. Cette disposition
fut rejetée, sur les observations de la cour de cassation, par le motif,
que si cette action ne pouvait être admise qu'à la majorité, l'intervalle
de la demande au jugement pourrait être, employé à ratifier des actes
ruineux faits en minorité. D'où il faut conclure que l'on pourrait
provoquer l'interdiction d'un mineur en démence, et que le juge devrait la prononcer, si la conduite du mineur paraissait l'exiger, pour
prévenir les abus qu'il pourrait faire du premier usage de sa liberté.

Il peut être nécessaire de provoquer l'interdiction du mineur non émancipé, puisque, parvenu à l'âge de seize ans, il peut disposer par testament jusqu'à concurrence de la moitié des biens dont le majeur peut disposer (art. 904.) (Pigeau, 2, 424 ; Procédure civile.)

Il peut encore être nécessaire de provoquer l'interdiction du mineur dans le cas d'opposition à son mariage ; car, suivant les art. 174, 175, cette opposition, lorsqu'elle est fondée sur l'état de démence, ne peut être reçue qu'à charge de provoquer l'interdiction et d'y faire statuer dans le délai fixé par le jugement.

Si nous admettons l'interdiction du mineur non émancipé, à plus forte raison admettons-nous celle du mineur émancipé. Néanmoins il y a une notable différence entre l'interdiction du majeur et celle du mineur : le premier doit être interdit aussitôt que son interdiction est demandée, sans que le juge ait autre chose à faire qu'à examiner le fait de la démence et la qualité de celui qui poursuit l'action ; tandis que le mineur ne *doit* pas, mais *peut* être interdit, suivant que son intérêt l'exige ou non.

CHAPITRE III.

Par qui l'interdiction peut-elle être provoquée ?

En droit, l'intérêt est la mesure des actions : et qui n'a point d'intérêt, n'a point d'action. L'action en interdiction est une action de famille, parce qu'il y a solidarité d'affection et d'honneur entre les membres qui la composent. Il peut être important pour eux de prévenir la ruine de l'insensé et de conserver sa fortune : mais la famille peut aussi vouloir cacher son infirmité ; à tous ces titres, la famille devait donc être le premier arbitre du sort de l'insensé ; mais son rôle devait se borner à donner un avis: car l'interdiction étant une suspension des droits civils, il ne pouvait appartenir qu'aux tribunaux de la prononcer.

Mais la loi devait parer, autant que possible, à tous les cas : elle devait prévoir celui où l'état de démence d'un individu n'intéresserait pas ses parents, où il n'en aurait plus et où ses accès de fureur pourraient troubler la tranquillité publique. Elle devait alors suppléer à la famille : c'est au ministère public qu'elle confia le soin et imposa le devoir de provoquer l'interdiction dans ces cas.

Le droit de provoquer l'interdiction appartient à tous parents, quelque éloignés qu'ils soient, quoique non héritiers présomptifs ; et le Code admet les parents qui ne sont point héritiers présomptifs, parce qu'ils peuvent le devenir.

L'un des époux peut provoquer l'interdiction de l'autre (art. 490), mais ce droit cesse avec la qualité dont il dérive (Sirey, 4, 1, 65). L'époux séparé de corps peut poursuivre l'interdiction de son conjoint ; car la séparation ne détruit pas le mariage. Si c'est la femme qui poursuit l'interdiction de son mari, elle doit se faire autoriser par justice (art. 215).

Si ce sont les parents de la femme qui provoquent son interdiction, elle doit se faire autoriser par son mari, ou à son refus, par justice, pour défendre sur la poursuite (art. 215-218), à peine de nullité du jugement.

Mais le droit de provoquer l'interdiction n'appartient pas aux alliés (art. 490) ; ils ne succèdent pas personnellement à l'insensé, et l'un des principaux motifs qui ont déterminé le législateur à faire de l'interdiction une action de famille, cesse à leur égard.

Cependant le tuteur des parents mineurs peut, en cette qualité et comme exerçant l'action de ceux-ci, provoquer l'interdiction, le tuteur représentant le mineur dans tous les actes de la vie civile (art. 450).

Les enfants sont admis à provoquer l'interdiction de leurs père et mère, parce que cette action, étant fondée sur la nécessité, ne peut être considérée comme injurieuse.

Quant au ministère public, il ne *peut* provoquer l'interdiction, qu'autant que l'insensé n'a point de conjoint ou de parents connus. Mais il *doit* la provoquer dans le cas de fureur, toutes les fois que l'époux ou les parents négligent de le faire (art. 491).

Un individu peut-il poursuivre son interdiction (Sirey, 1808, 1, 469. — Duranton, 3, 672)? Le Code n'a point résolu cette question; mais la cour de cassation, par l'organe de M. Merlin, trouva des raisons déterminantes pour la négative dans l'art. 6 du Code civil, qui déclare que «l'on ne peut déroger, par des conventions particulières, aux lois qui intéressent l'ordre public», et dans cette circonstance que dans le projet de Code, rédigé en l'an VIII et envoyé à tous les tribunaux pour y faire leurs observations, se trouvait un chapitre intitulé du *Conseil volontaire*, qui ne reparut pas dans la rédaction définitive, et qui ne peut avoir été retranché, que parce que le législateur le jugea contraire à ses vues.

CHAPITRE IV.

Comment on doit procéder à l'interdiction.

L'autorité compétente, en cette matière, ne peut être que les tribunaux civils, parce que, d'une part, l'interdiction est une question d'Etat, et que, de l'autre, elle n'a lieu qu'à l'égard de ceux qui, par défaut de jugement échappant à la vindicte publique, ne doivent point être poursuivis par la voie criminelle.

La demande en interdiction doit être portée devant le tribunal civil du domicile de la personne que l'on veut faire interdire (Pr., art. 59). Elle est introduite sans préliminaire de conciliation (Pr., art. 49), par une requête présentée au président du tribunal, dans laquelle sont articulés les faits d'imbécillité, de démence ou de fureur, en y

B.   2

joignant les pièces justificatives, telles que les actes ou écrits émanés du défendeur qui peuvent prouver l'égarement de sa raison : les procès-verbaux constatant ses excès dans ses accès de fureur. On doit aussi indiquer dans cette requête les témoins que l'on fera entendre (Pr., art. 890).

Le président ordonne la communication au ministère public, et commet un juge pour faire le rapport au jour indiqué (83, 2°; Pr., art. 891).

Le commissaire fait son rapport en la chambre du conseil, en présence du procureur de la République, qui donne ses conclusions.

De deux choses l'une, ou les faits seront pertinents, ou ils ne le seront pas; dans ce dernier cas, la demande devra être rejetée sans plus ample instruction. Mais si les faits sont pertinents et de nature à caracté-riser la démence, le tribunal ordonne que le conseil de famille sera convoqué, pour donner son avis sur l'état de la personne dont l'interdiction est demandée (Pr., 892).

Ces préliminaires n'ont rien de contradictoire avec le défendeur.

Le poursuivant a qualité pour requérir du juge de paix la convocation du conseil de famille; à cet effet, il lève le jugement et fait convoquer le conseil, en la forme ordinaire (art. 494).

Ceux qui ont provoqué l'interdiction ne peuvent en faire partie; car ils ne peuvent être juges dans leur propre cause. Néanmoins, l'époux, l'épouse et les enfants de la personne dont l'interdiction est demandée, peuvent y être admis, sans cependant y avoir voix délibérative (art. 495).

Les motifs de cette exception en leur faveur sont, qu'ils se trouvent plus à même que personne de donner des renseignements sur l'état de l'insensé, et qu'ils peuvent être intéressés à contredire une demande, qui réfléchit désagréablement contre eux. Mais le conjoint et les enfants, *non demandeurs*, peuvent-ils assister au conseil de famille et y avoir voix délibérative? Une controverse s'est élevée à ce sujet. M. Toullier admet qu'ils y peuvent assister, mais sans avoir voix délibérative. Malgré la grande autorité du nom de M. Toullier, nous ne pouvons nous ranger à son avis.

En effet, aucun texte de la loi ne refuse au conjoint et aux enfants non demandeurs l'entrée au conseil avec voix délibérative. L'époux, l'épouse et les enfants ne font pas, il est vrai, nécessairement partie du conseil de famille, quand ils sont demandeurs, et s'ils y sont admis, ils n'y ont pas voix délibérative; mais lorsque l'interdiction n'est pas provoquée par eux, non-seulement ils en sont membres *de droit*, mais ils ont même voix délibérative; c'est ce qui résulte évidemment du texte et de l'esprit de la loi.

Le conseil de famille délibère dans la forme ordinaire. Il peut, s'il le juge convenable, entendre, avant de délibérer, soit le défendeur, soit le demandeur en interdiction. S'il est d'avis que la demande doit être rejetée, celui qui poursuit l'interdiction, peut se pourvoir contre la délibération (Pr., art. 883).

Si le conseil est d'avis d'admettre la demande, le poursuivant présente requête au président pour faire fixer le jour et l'heure de l'interrogatoire, et avant qu'il y soit procédé, il fait signifier au défendeur copie de l'ordonnance rendue à ce sujet, de la requête introductive et des pièces que l'on a dû y joindre, et de l'avis du conseil de famille, afin que le défendeur puisse préparer ses réponses. (Pr., art. 893.)

Le tribunal, au jour et à l'heure fixés, interroge le défendeur en la chambre du conseil, afin que tous les juges présents puissent, par l'organe du président, adresser au défendeur toutes les questions qu'ils jugent convenables, et juger de son état par ses réponses (art. 496).

Si le défendeur ne peut se présenter devant le tribunal, il est interrogé en sa demeure par un juge-commissaire assisté du greffier. Dans tous les cas, le procureur de la République doit toujours être présent à l'interrogatoire (art. 496). Cet interrogatoire doit porter, en général, sur l'âge, les biens, la famille, l'état domestique, les dépenses, les besoins, les revenus ou ressources du défendeur ; car il ne s'agit que de s'assurer s'il est ou non en état de gouverner sa personne et ses biens.

Après le premier interrogatoire, le tribunal, sur les conclusions du ministère public, peut commettre, *s'il y a lieu*, un administrateur provisoire pour prendre soin de la personne et des biens du défendeur (art. 497, 515). Pour cela , il faut un cas de nécessité et la prévision du retard du jugement ; car cette nomination entraîne des frais qu'il faut éviter, s'il est possible.

Si l'interrogatoire est fait en la chambre du conseil, la nomination se fait de suite et d'office, le procureur de la République entendu.

Si le défendeur est interrogé en sa demeure, l'administrateur est nommé sur le rapport du juge-commis et sur les conclusions du ministère public.

De ces expressions de l'art. 497 «après le premier interrogatoire,» il résulte que le tribunal peut interroger plusieurs fois le défendeur ; c'est la conséquence de ce que l'on peut demander l'interdiction d'une personne qui a des intervalles lucides, parce qu'un interrogatoire peut ne pas suffire.

Si les faits allégués sont justifiables par témoins , le tribunal ordonne, *s'il y a lieu*, une enquête qui se fait dans la forme ordinaire, sauf, si les circonstances l'exigent, par exemple, en cas de fureur, qu'elle sera faite hors la présence du défendeur, qui peut y être représenté par son conseil (Pr., art. 893).

Le surplus de l'instruction se fait dans la forme ordinaire, on donne assignation au défendeur ; en tête de cette assignation doit se trouver copie de l'interrogatoire et des autres pièces.

Sur cette demande, si l'assigné constitue avoué, il peut défendre et l'on poursuit l'audience en la forme ordinaire.

Si le défendeur ne constitue pas, on fait statuer à l'audience, le ministère public entendu.

Le jugement est rendu sur les plaidoiries des parties et non sur le rapport du juge commis, dont les fonctions cessent par le rapport sur la requête à fin d'interdiction.

Le jugement ne peut être rendu qu'à l'audience publique, les parties entendues ou appelées pour le jugement être prononcé (art. 498).

L'interdiction (art. 502) produisant son effet du jour du jugement portant interdiction, qu'il y ait appel ou non, doit, à la diligence du demandeur, être levé, signifié à la partie adverse et inscrit dans les dix jours sur les tableaux qui doivent être affichés dans la salle de l'auditoire et dans les études des notaires de l'arrondissement (art. 501).

Le jugement n'est pas signifié aux notaires, l'extrait en est seulement remis aux secrétaires de leur chambre, lequel en donne récépissé.

Les notaires sont tenus de prendre à leur chambre de discipline et de faire afficher dans leurs études l'extrait des jugements, qui ont prononcé des interdictions contre des particuliers (décret du 16 février 1807, art. 175).

La loi du 26 ventôse an XI, art. 18, a prononcé des dommages-intérêts envers les parties, si les notaires négligent de se soumettre à cette obligation. En effet, cette publicité est une garantie pour les tiers; puisque l'interdit ne peut plus contracter à son préjudice, il est nécessaire d'en avertir la société, pour que ceux qui voudraient traiter avec lui, ne soient point induits en erreur.

De ces expressions de l'art. 501 «tout jugement», il suit que cette formalité doit être remplie, même à l'égard du jugement de première instance dont il y aurait appel, parce que l'effet du jugement, s'il passe en force de chose jugée, datera du jour de sa prononciation, et que les actes consentis depuis par l'interdit seront nuls de droit (art. 502), il faut en avertir les tiers. C'est là une dérogation aux règles ordinaires, suivant lesquelles l'appel suspend l'exécution; car incontestablement l'affiche est un commencement d'exécution.

De deux choses l'une, ou le jugement portant interdiction est rendu par défaut; il est alors susceptible d'opposition, parce que le droit de former opposition est une conséquence du droit de défense, et existe par lui-même, sans qu'il soit besoin qu'une loi l'ait spécialement consacré; il suffit qu'il n'ait pas été formellement interdit. Le délai est de huitaine, à partir de la signification du jugement (Pr., art. 157). Ou le jugement sera contradictoire, ou ayant été rendu par défaut, les délais pour faire opposition sont expirés (Pr., art. 455), on peut alors interjeter appel (art. 500).

Si l'interdiction est prononcée, l'appel n'appartient qu'au défendeur seul; il doit être dirigé contre le provoquant (Pr., art. 894).

Si l'interdiction est rejetée, l'appel appartient non-seulement au poursuivant, mais encore à tout membre du conseil de famille; il doit être dirigé contre le défendeur.

En rejetant la demande en interdiction, le tribunal peut, si les circonstances l'exigent, nommer un conseil judiciaire au défendeur (art. 499).

En cas d'appel, la cour peut, si elle le juge à propos, interroger de nouveau la personne dont l'interdiction est demandée (art. 500), ou la faire interroger par un commissaire, sans qu'il soit nécessaire qu'il soit pris dans le sein de la cour, à cause de l'éloignement possible du défendeur et des frais qu'eût entraînés le déplacement d'un des membres de la cour.

Le Code abandonne à la prudence de la cour le choix de ce commissaire : elle délègue donc soit un juge de paix, soit un juge de première instance, n'ayant pas connu de l'affaire, pour que son interrogatoire et son rapport ne soient entachés d'aucune prévention.

La présence à cet interrogatoire du procureur-général n'est pas exigée.

Sur ce point particulier de la procédure en cas d'appel, la cour, comme nous venons de le voir, n'est pas soumise aux mêmes règles que le tribunal de première instance, ainsi :

1° Le tribunal *doit* interroger le défendeur; en appel, l'interrogatoire est facultatif;

2° L'interrogatoire en première instance *doit* être fait par le tribunal ou par un juge commis, mais pris dans son sein ; en appel, si le défendeur n'est pas interrogé par la cour, il suffit qu'il le soit par un juge délégué, ce qui ne suppose pas la nécessité de le prendre dans le sein de la cour ;

3° Le procureur de la République *doit* être présent à l'interrogatoire fait en première instance ; cette formalité n'est pas exigée pour l'interrogatoire en appel.

La cour peut réformer le jugement qui a rejeté absolument la demande en interdiction, soit en prononçant l'interdiction, soit en nommant un conseil : ou si le jugement a prononcé l'interdiction, elle peut mettre à néant : enfin, s'il a prononcé l'interdiction, elle peut émender en ne nommant qu'un conseil, ou s'il n'a nommé qu'un conseil, elle peut prononcer l'interdiction ; mais pour cela il faut qu'elle ait été demandée en première instance.

Si l'arrêt prononce l'interdiction, il faudra les mêmes formalités d'inscription que pour le jugement de première instance (art. 501).

En rejetant la demande en interdiction, les tribunaux peuvent, si le défendeur le requiert, condamner le demandeur en des dommages-intérêts. On avait, dans le projet de Code, proposé un article portant que le demandeur succombant devrait être condamné en des dommages-intérêts, s'il était prouvé qu'il avait agi par intérêt ou par passion.

On le rejeta comme inutile, puisque la disposition qu'il portait est une règle de droit commun, et comme dangereux, en ce qu'il pouvait induire les tribunaux à croire qu'il fallait indistinctement condamner tous les demandeurs succombant, bien qu'il puisse y avoir des cas où des condamnations eussent été imméritées.

DEUXIÈME PARTIE.

Période postérieure au jugement d'interdiction.

CHAPITRE PREMIER ET UNIQUE.

Effets de l'interdiction.

L'interdiction prononcée a plusieurs conséquences, dont les deux principales sont :

1º L'interdiction place la personne et les biens de l'interdit sous l'administration d'un tuteur;

2º Elle imprime à l'interdit les mêmes incapacités, à peu de chose près, qu'au mineur auquel il est assimilé (art. 509).

§ 1er. *Tutelle de l'interdit.*

Suivant l'art. 505, s'il n'y a pas d'appel du jugement d'interdiction, ou s'il est confirmé sur appel, il doit être pourvu à la nomination d'un tuteur et d'un subrogé tuteur, conformément aux règles prescrites pour le cas de minorité (art. 505).

Pour la formation de ce conseil de famille qui doit nommer ce tuteur, on retombe sous l'application de l'art. 407.

En ce point, l'appel du jugement d'interdiction est suspensif, quoiqu'il ne le soit pas relativement aux incapacités de l'interdit (Merlin, V°, Interdiction, § 6, Rép.).

Cette nomination ne peut être valablement faite avant la signification du jugement d'interdiction (Sirey, 1806, 2, 123), parce que le délai pour interjeter appel ne commence à courir que du jour de la signification (Pr. art. 443).

Elle serait également nulle, quoiqu'elle fût faite depuis la signification, si elle avait lieu dans la huitaine de sa prononciation, puisqu'il n'est pas encore exécutoire (Pr. art. 449-50).

Mais elle peut être valablement faite après l'expiration de ce délai et la signification du jugement; toutefois, l'appel suspend les fonctions du tuteur, et sa nomination a un effet conditionnel subordonné au sort de l'appel. Enfin, faite depuis l'appel interjeté, elle serait nulle aussi, quand même le jugement serait confirmé, car elle aurait été faite sans cause.

La nomination du tuteur fait cesser les fonctions de l'administrateur provisoire, s'il en a été nommé un; le tuteur reçoit ses comptes. Ce doit être un des premiers actes de la gestion (art. 505).

De cet art. 505 il résulte, que la tutelle de l'interdit est toujours dative, puisque c'est par nomination qu'il reçoit un tuteur; il n'y a pas d'exception à cette règle qu'à l'égard de la femme interdite, dont le mari est de droit le tuteur, comme désigné par la loi (art. 506).

Ni la folie, ni l'interdiction ne font cesser la puissance maritale, qui s'étend sur la personne et les biens de la femme. La loi défère au mari l'administration des biens personnels de la femme (art. 1428); elle est obligée de le suivre partout; elle ne peut avoir d'autre domicile que celui de son mari : une pareille puissance est inconciliable avec l'autorité tutélaire; le mari est donc tuteur de droit de sa femme interdite. Il reste seul administrateur des biens de la communauté comme auparavant, avec pouvoir de les vendre, aliéner, hypothéquer (art. 1421). Le droit d'administrer les biens de la femme reste attaché à la puissance maritale (art. 1428). Les fonctions de tuteur ne peuvent donc guère être relatives qu'aux immeubles, dont la femme, par son contrat de mariage, s'était conservé la propriété, et aux meubles qu'elle avait exclus de la communauté; le mari est obligé de faire faire inventaire contradictoire de ces meubles avec le subrogé-tuteur, mais non de ceux de la communauté.

Si la dot de la femme était en péril par le mauvais état des affaires du mari, le conseil de famille pourrait et devrait même autoriser le subrogé-tuteur à en poursuivre le recouvrement, en demandant la séparation de biens. Hors ce cas unique, la tutelle des interdits est toujours dative. Les incapacités et les exclusions des personnes qui peuvent être nommées, sont les mêmes que pour la tutelle des mineurs (art. 505-509).

Il y a cependant une exception aux règles ordinaires de la tutelle en faveur des femmes. En général, elles sont incapables d'être tutrices: le Code fait cesser leur incapacité, à l'égard du mari tombé en démence, comme à l'égard de leurs enfants; on présume que le malheureux accident arrivé au mari n'éteindra pas, chez la femme, les sentiments d'affection, et qu'elle conservera pour lui les soins délicats, dont il a plus que jamais besoin. La tutelle de la femme, ici, n'est, pour ainsi dire, que l'exécution des devoirs d'assistance réciproque, que la loi impose aux époux; et d'ailleurs, dans cette position particulière, l'association pécuniaire, qui existe entre le mari et la femme, place celle-ci hors de la condition d'un tuteur étranger, qui n'a aucune communion d'intérêt avec l'interdit. Si, d'un côté, elle pouvait abuser de l'espèce d'émancipation qu'elle reçoit; de l'autre, elle a des droits que l'on ne peut méconnaître, puisqu'elle se trouve en quelque sorte procuratrice *in rem suam*; il n'eût pas été juste de l'exclure tellement de cette espèce de tutelle, que le conseil de famille n'eût pu la lui confier, même lorsque son intelligence dans les affaires d'administration correspondait aux sentiments d'affection connus en elle pour son mari. Mais comme il est possible que quelques femmes ne conservent pas les mêmes sentiments, la femme n'est pas tutrice de droit

de son mari ; elle peut seulement être nommée par le conseil de famille (art. 507).

La démence du mari ou de la femme ne pouvant dissoudre la communauté, elle continue à subsister après l'interdiction.

L'interdiction ne fait perdre à l'interdit aucun de ses droits, elle le
prive seulement de leur exercice ; ce principe s'applique aux gens
mariés comme aux autres citoyens. Aussi le mari conserve-t-il la puissance maritale : il n'en perd que l'exercice, et à défaut d'autorisation
qu'il ne peut plus donner, la femme doit recourir à la justice. Le
mari continue à être le maître de la communauté, bien qu'il n'ait
plus le droit de l'administrer.

Si la femme a été nommée tutrice, cette nomination emporte nécessairement et implicitement le pouvoir d'administrer les biens du mari,
ceux de la communauté et les siens propres ; elle n'a donc, pour cela,
besoin d'aucune autorisation ; mais il n'en serait pas de même, si elle
voulait aliéner ses biens ou ceux de la communauté, accepter ou ré-
pudier une succession à elle échue, en un mot, faire un acte quelconque excédant les bornes d'une simple administration ; il lui faudrait
alors une autorisation particulière de la justice.

Elle ne pourrait aliéner ni hypothéquer les biens personnels de
son mari, sans observer les formalités prescrites pour les mineurs.

N'administrant la communauté qu'en qualité de mandataire légale
de son mari, il en résulte qu'elle est, ainsi que tout autre tuteur, soumise à faire, au commencement de son administration, rapporter un
inventaire des biens de la communauté, contradictoirement avec le
subrogé-tuteur. On en doutait autrefois (Merlin, rép., vº Interdiction),
parce que, disait-on, la femme administre son propre bien ; c'est une
erreur, la femme n'est pas propriétaire de la communauté ; elle n'en
est que copropriétaire, et son droit de propriété ne s'ouvre qu'à la
dissolution de la communauté.

Mais en prenant l'administration de la communauté, la femme n'en
conserve pas moins le droit de renoncer au moment de la dissolution ;

et ses héritiers ont le même droit ; car il est possible que les motifs qui déterminent la renonciation, soient antérieurs à son administration, et qu'ils en soient indépendants : par exemple, des dettes du mari contractées avant l'interdiction.

En nommant la femme tutrice, le conseil de famille (art. 507) règle la forme et les conditions de l'administration ; il règle aussi, par aperçu, la somme des dépenses pour l'interdit et l'administration de ses biens. Si la femme n'était pas nommée tutrice, ce règlement par aperçu est encore plus nécessaire, pour éviter toute contestation entre le tuteur et la femme chargée des soins du ménage et des enfants. La femme peut prendre un ou plusieurs administrateurs gérant sous sa responsabilité.

La femme, si elle se croit lésée par l'arrêté du conseil de famille, a le droit de recourir aux tribunaux (art. 507).

Comme nous l'avons dit plus haut, le mineur peut être interdit ; est-il alors nécessaire de lui nommer un tuteur nouveau ? Non ; car le vœu de la loi est rempli ; mais il faudrait une nouvelle dation de tutelle, losque l'interdit serait arrivé à sa majorité, parce que le premier tuteur donné au mineur, comme mineur, ne s'est engagé que pour le temps de la minorité.

Le fils peut être nommé tuteur de son père ou de sa mère interdits.

Celui qui a provoqué l'interdiction peut être nommé tuteur, la loi ne le défend pas.

L'art. 509 déclare les lois de la tutelle ordinaire applicables à celle des interdits : d'où il faut conclure que celle-ci, comme l'autre, est un ministère forcé, et qu'on ne peut la refuser sans les mêmes causes d'excuses, ou en être destitué que pour les mêmes motifs de suspicion. Néanmoins l'art. 509 fait exception à cette assimilation. En effet, la tutelle à l'égard du mineur dure jusqu'à la majorité ou jusqu'à l'émancipation ; tandis que nul, à l'exception des ascendants et des descendants, n'est tenu de rester tuteur d'un interdit plus de dix ans : il ne serait pas juste, en effet, de prolonger sur la tête d'une même personne une charge dont on n'aperçoit aucun terme fixe. Quant aux ascendants et aux descendants, ils ne font que remplir un devoir naturel, que l'on ne peut regarder comme un fardeau.

§ 2. *Incapacités de l'interdit.*

L'art. 509 assimile l'interdit au mineur et pour sa personne et pour ses biens. Nous avons maintenant à entrer dans les détails de cette assimilation.

L'interdit, comme le mineur, est privé de l'exercice des droits politiques ou de citoyen français (art. 2 et 5 de la Constitution de l'an VIII). Tous deux sont en tutelle, tous deux sont représentés par leur tuteur dans tous les actes de la vie civile (art. 450); en conséquence, le domicile de droit de l'un comme de l'autre est établi chez leur tuteur (art. 108), qui est chargé du soin de leur personne et de l'administration de leurs biens.

L'interdit et le mineur sont incapables de contracter (art. 1124); mais pour l'un et l'autre, cette incapacité n'est que relative (art. 1125), c'est-à-dire, qu'elle ne peut être proposée que par eux et non par les personnes, qui ont contracté avec eux; mais comme personne ne peut s'enrichir au détriment d'autrui, le mineur et l'interdit qui font annuler leurs engagements, sont obligés de restituer les sommes qu'ils ont reçues, lorsqu'il est prouvé qu'elles ont tourné à leur profit (art. 1312.

Cependant, sur ce point, il y a entre ces deux incapables une différence capitale; car, suivant l'art. 1305, le mineur en tutelle, qui a fait lui-même un acte, peut bien en être relevé, mais seulement s'il en a éprouvé une simple lésion dans le principe : tandis que les actes faits par un interdit étant nuls de droit (art. 502), il n'est pas besoin, pour les faire annuler, qu'il allègue et prouve une lésion quelconque;

il suffit qu'il établisse, par la production du jugement d'interdiction, qu'il les a passés étant interdit.

Les successions échues au mineur et à l'interdit ne peuvent être acceptées *que* par leur tuteur, *qu'avec* l'autorisation du conseil de famille, et *que* sous bénéfice d'inventaire (art. 461, 776).

La même autorisation est nécessaire pour l'acceptation des donations qui leur sont faites (art. 935).

Les mêmes formalités sont exigées dans les partages, où sont intéressés des mineurs ou des interdits (art. 838). C'est-à-dire, que le partage doit être fait en justice.

Il y a, pour eux, même prohibition d'aliéner et hypothéquer leurs immeubles (art. 499, 513).

Les immeubles appartenant au mineur ou à l'interdit ne peuvent être mis en vente par expropriation forcée, avant la discussion du mobilier (art 2206).

La prescription ordinaire ne court ni contre le mineur, ni contre l'interdit (art. 2252).

Le délai de la rescision ne court contre le mineur que du jour de sa majorité, contre l'interdit que du jour de la main-levée de son interdiction (art. 1304).

L'interdit et le mineur sont tous deux sous la protection du ministère public : toutes les causes où ils sont intéressés, sont communicables (Pr. civ., art. 83).

Cependant il y a des exceptions à ce principe général d'assimilation : l'incapacité de l'interdit est, en effet, plus étendue que celle du mineur; c'est que le fondement de leur incapacité est tout différent : la loi voit chez l'un le défaut absolu de jugement, chez l'autre l'inexpérience. L'incapacité de l'interdit est de droit naturel, parce que le jugement d'interdiction n'est que déclaratif de la démence, qui en est la cause.

L'incapacité du mineur est, au contraire, un effet du Droit civil, qui l'établit et la modifie suivant les circonstances.

Voici ces exceptions :

1º Le mineur est capable de contracter mariage avec le consentement des ascendants ou du conseil de famille (art. 148).

L'interdit en est incapable, tant que dure l'interdiction (art. 174). Cependant les parents, qui auraient consenti au mariage d'un interdit, ne seraient pas recevables à l'attaquer : ce consentement pourrait même devenir un moyen pour faire lever l'interdiction.

2º Le mineur, assisté de ceux dont le consentement lui est nécessaire pour contracter mariage, peut donner, par contrat de mariage, tout ce que la loi permet à l'époux majeur de donner à l'autre conjoint (art. 1095, 1309, 1398).

L'interdit, ne pouvant pas se marier, est privé de cette faculté.

3º Le mineur, parvenu à l'âge de 16 ans révolus, peut donner par testament jusqu'à concurrence de la moitié dont il aurait pu disposer s'il eût été majeur (art. 904).

L'art. 901 exigeant que, pour qu'on puisse tester, on soit sain d'esprit, s'oppose à toute disposition testamentaire de l'interdit.

4º L'interdit ne peut jamais être tuteur, ni membre d'un conseil de famille (art 442).

Le mineur est tuteur de droit de ses enfants.

L'incapacité de l'interdit ne vient pas du jugement qui prononce l'interdiction, mais de l'état de celui contre qui elle est prononcée, et que la nature avait, d'avance, rendu incapable de contracter, en le privant de l'usage de sa raison. Ce n'est donc pas le jugement d'interdiction qui établit l'incapacité, il déclare seulement que cette incapacité existait déjà au moment où il a été rendu.

§ 3. *Effets de l'interdiction par rapport aux actes passés par l'interdit.*

Le Code fait une grande différence entre les actes passés postérieurement au jugement d'interdiction et ceux passés antérieurement.

L'art. 502 porte que l'interdiction a son effet du jour du jugement, et qu'en conséquence tous actes passés postérieurement par l'interdit sont nuls de droit; d'où il résulte :

1° Que sans qu'il soit besoin d'articuler aucune lésion, comme nous l'avons dit plus haut, ces actes doivent être déclarés nuls, par le seul motif du défaut de consentement, essentiellement inhérent à l'aliénation d'esprit : *Dementis nulla voluntas;*

2° Que l'appel ne peut être suspensif sur ce point, parce que l'arrêt confirmatif déclarant le bien jugé, déclare par là même que la démence existait déjà lors du jugement de première instance, et frappe conséquemment de nullité tout ce qui aurait été fait par l'interdit dans l'intervalle. C'est pourquoi la sentence des premiers juges doit être publiée et affichée nonobstant appel (art. 501). C'est pourquoi encore l'administrateur provisoire, s'il en a été nommé un, ne doit cesser ses fonctions qu'après l'arrêt définitif (art. 505).

Néanmoins, bien que les actes passés par l'interdit postérieurement à son jugement d'interdiction soient *nuls de droit,* ils ne sont pas considérés comme n'existant absolument pas; ils ne sont pas *nuls de plein droit,* c'est-à-dire, que l'on est toujours obligé de recourir à la justice pour en faire prononcer la nullité. En effet la loi, en accordant dix ans à dater de la main-levée de l'interdiction (art. 1304) pour ouvrir l'action en nullité contre ces actes, suppose la nécessité de recourir à la justice pour cet objet : si on ne l'a pas fait dans ce délai, ils ont une existence de droit, comme ils l'ont de fait. La loi veut seulement dire que, pour en obtenir la nullité dans le délai de droit, l'interdit n'a besoin que de la demander sans être obligé, comme le mineur, de prouver une lésion quelconque.

Elle a établi ici une présomption légale que l'individu ne jouissait pas pleinement de sa raison lorsqu'il a passé ces actes, et la loi, qui les annule sur le fondement de cette présomption (art. 1350), n'ayant pas réservé la preuve contraire, les tribunaux ne peuvent se dispenser d'en prononcer la nullité quand elle leur est demandée (art. 1352).

L'interdiction a précisément pour objet de prévenir les difficultés et les incertitudes, qui se seraient présentées sur le point de savoir, si l'acte passé par un individu habituellement en démence, avait été, ou non, consenti dans un intervalle lucide; elle imprime une incapacité légale de contracter, qui dispense d'entrer dans l'examen de ce point de fait, toujours plus ou moins difficile à constater; mais la présomption n'existe qu'en faveur de l'interdit et de ses représentants. Les tiers, qui ont traité avec lui, ne sont pas recevables à prouver que, privé de sa raison et par conséquent de la faculté de consentir, il n'a pu coopérer efficacement à la formation du contrat, et que ce contrat est nul faute de consentement de sa part; car, connaissant ou étant censés connaître son état et sa condition, en traitant avec lui ils lui ont, par cela même, reconnu une intelligence suffisante (art. 1135); c'est par fin de non recevoir qu'ils doivent être écartés.

L'effet du jugement date, comme nous l'avons vu, du jour de sa prononciation; l'appel ne le suspend pas; il en suspend seulement l'exécution quant à la nomination du tuteur et du subrogé tuteur, en sorte que les actes passés par l'interdit depuis l'appel interjeté et avant l'arrêt, sont *in suspenso* quant à leur validité, parce que de deux choses l'une, ou le jugement est confirmé, et dans ce cas son effet, suivant tous les principes, doit dater du jour où il a été rendu, puisque l'appel est alors censé n'avoir pas eu lieu; ou il est infirmé, et alors l'individu n'étant pas interdit, ses actes sont comme ceux des autres citoyens.

La cour de Douai a cependant jugé que les actes passés par celui, auquel il avait été nommé un conseil (et la même décision eût été rendue s'il se fût agi d'un interdit) étaient valables, par cela seul que le jugement n'avait pas reçu la publicité exigée par l'art. 501 : et sur le pourvoi en cassation, intervint un arrêt de rejet, le 16 juillet 1810, contre les conclusions de M. Merlin, et après un long délibéré en la chambre du conseil.

Cet arrêt, croyons-nous, a méconnu la lettre et l'esprit de l'art. 502.

B.   4

En effet, c'est rendre l'interdit, ou celui qui est pourvu d'un conseil judiciaire, victime de la négligence d'un tiers; le défaut de publicité est, il est vrai, très-préjudiciable aux tiers; mais pourquoi en faire supporter la conséquence à l'interdit? le jugement déclare à son égard un fait, sa démence et par suite son incapacité; et ce fait ne peut être détruit ou changé, parce que le jugement n'a pas été rendu public: il n'est pas rendu d'une manière conditionnelle, mais purement et simplement: c'était au demandeur en interdiction ou en nomination de conseil judiciaire, qui avait négligé les obligations que lui imposait la loi, à indemniser les tiers du préjudice causé par sa faute.

De ce que les actes postérieures à l'interdiction sont nuls de droit, il résulte que la validité de ceux qui, sous seing-privé, n'ont pas reçu date certaine, antérieure à l'interdiction, peut être attaquée; sinon on pourrait facilement éluder la disposition de la loi, en faisant souscrire à l'insensé un acte sous seing-privé et en le lui faisant antidater. (Sirey, 17, 1, 150; 14, 2, 266).)

Ainsi, l'art. 1328, qui détermine et énumère les modes, dont les actes sous seing-privé acquièrent date certaine, souffre exception, quand ils sont souscrits par un interdit.

Cependant, les tribunaux ne doivent se décider que d'après les probabilités, précisément à cause de l'incertitude des dates; et ne pas hésiter à reconnaître la validité d'actes sous seing-privé, souscrits par l'interdit antérieurement à l'interdiction, toutes les fois que cette antériorité est évidente: car il serait injuste de faire perdre son droit à un créancier légitime, qui était peut-être éloigné du lieu où la demande a été portée et qui, n'en ayant eu aucune connaissance, n'a pas songé à faire enregistrer son titre.

La jurisprudence a même admis (Sirey, 24, 1, 276; id. 2, 277; 25, 1, 31) que le testament olographe faisait foi de sa date; et, en conséquence, que les héritiers intéressés à le quereller ne peuvent prétendre qu'il est nul, comme fait depuis l'interdiction, ou à une époque où la démence existait déjà. Cela est vrai en principe; cependant il y a là encore une question d'appréciation pour les tribunaux, et l'on ne peut douter qu'ils ne puissent, suivant les circonstances, admettre la preuve qu'il a été fait depuis l'interdiction ou en état de démence, et qu'on l'a fait antidater par l'insensé. Si cette preuve ne pouvait être admise, l'art. 901 pourrait trop facilement être éludé.

Le jugement d'interdiction étant déclaratif de l'incapacité naturelle et préexistante dans l'interdit, non-seulement il opère pour l'avenir ; mais il peut aussi avoir un effet rétroactif indirect sur le passé, en sorte que les actes antérieurs sont susceptibles d'être annulés, si la cause de l'interdiction existait déjà notoirement à l'époque où ils ont été passés (art. 503).

Mais après la mort d'un individu, les actes par lui faits ne peuvent plus être attaqués pour cause de démence, s'il n'a été interdit avant son décès (art. 504), parce qu'il n'est plus possible de constater son incapacité. La loi punit la négligence de ses héritiers, qui n'ont pas agi dans le temps où leur action pouvait lui être utile ; la loi présume avec justice que la personne morte dans la paisible possession de son état, a joui jusqu'au dernier moment de la plénitude de sa raison ; puisqu'on n'a pas osé, pendant sa vie, intenter contre elle une demande en interdiction ; et la preuve contraire n'est pas admise contre cette présomption.

Il y a cependant trois exceptions :

1° Lorsque l'interdiction a été provoquée, quoique non jugée du vivant de la personne, dont on critique les actes, parce qu'il peut y avoir eu des preuves faites dans un temps habile, et que, d'ailleurs, l'action régulièrement intentée donne un droit acquis d'arriver à tout résultat possible et juste : il faut toutefois que la demande n'ait été ni abandonnée ni périmée ;

2° Lorsque la preuve de la démence résultera de l'acte même attaqué, parce que la justice ne peut jamais consacrer des dispositions qui appartiennent à la folie : la preuve résulte alors du propre fait du défunt : elle est indépendante du témoignage des hommes ;

3° La dernière exception concerne les donations et les testaments, auxquels l'art. 504 n'est pas applicable, parce que l'art. 901 porte spécialement que, pour faire une donation ou un testament, il faut être sain d'esprit. La cour de cassation, sur les conclusions de M. Merlin, a décidé que ces actes peuvent être attaqués pour cause de démence après la mort de leur auteur, dont l'interdiction n'a pas été provoquée de son vivant, encore que ces actes énoncent que le testateur était sain d'esprit. (Sirey, 1811, 1, 73.)

Quoique l'art. 504 déclare, d'une manière générale, que les héritiers sont recevables à attaquer les actes passés par l'interdit, lorsqu'ils ont provoqué son interdiction de son vivant, il faut pourtant faire une distinction entre le cas où la demande a été admise, et celui où elle a été rejetée; dans ce dernier, il y a une présomption grave que le défunt est mort avec la plénitude de sa raison.

Il résulte de l'art. 503 qu'en règle générale, pour pouvoir attaquer un jour, à cause de la démence, les actes faits par une personne non interdite, il faut commencer par faire prononcer préalablement son interdiction, parce qu'avant tout, il faut lever l'obstacle qui se trouve dans la possession d'état de la personne capable; et la loi en déclarant que les actes antérieurs au jugement d'interdiction pourront être annulés, suppose comme condition l'existence de ce jugement, pour donner ouverture à l'action rétroactive sur les actes antérieurs. En effet, l'action en nullité contre ces actes ne peut appartenir à celui qui les a faits, tant qu'il jouit paisiblement de son état de capacité: elle ne peut appartenir à son tuteur, puisqu'il n'en a point tant qu'il n'est pas interdit; elle ne peut appartenir à ses héritiers, ni de son vivant, puisque leurs droits ne sont pas encore ouverts; ni après sa mort, puisque la loi la leur refuse, s'ils n'ont pas demandé l'interdiction avant son décès.

Enfin, l'interdiction, par sa nature et sous tous les rapports, est essentiellement une question préjudicielle, parce que pour faire déclarer nul ce qu'un homme a fait en démence, il faut d'abord commencer par faire constater judiciairement cette démence, autrement on demanderait un effet sans cause; il faut donc demander préalablement l'interdiction, puisque la loi veut que l'homme en démence soit interdit (art. 489), et que c'est le jugement, qui la prononce, qui doit déclarer si l'aliénation d'esprit est telle, que l'individu soit privé de toute capacité suffisante.

Néanmoins, nous croyons que l'individu en état de démence au moment où les actes ont été passés par lui, et dont l'interdiction n'a pas été demandée, parce qu'il a recouvré la raison, peut conclure soit en demandant, soit en défendant, à la nullité d'une convention qui n'en a eu que le nom et qui n'est, en réalité, que le fruit de la démence. L'art. 503 ne dit rien de contraire, et l'art. 504 ne s'applique qu'aux héritiers et ne peut lui être applicable, puisque, comme nous l'avons dit plus haut, on ne peut provoquer soi-même son interdiction, et qu'il la provoquerait vainement étant revenu à un meilleur état. Cependant il serait contraire à l'équité et aux principes, que les tribunaux ne pussent annuler des actes faits à une époque où la démence était notoire, parce que la loi ne donne pas spécialement à celui qui les a souscrits et qui n'a pas été interdit, le droit de les attaquer.

D'après l'art. 503, trois conditions sont cumulativement requises pour pouvoir attaquer, pour cause de démence, les actes qu'un homme a faits jouissant de la plénitude de son état :

1° Que son interdiction ait été prononcée ou au moins provoquée de son vivant;

2° Que la cause de l'interdiction ait été déjà existante à l'époque des actes dont on demande la nullité ;

3° Que cette cause d'interdiction ait été patente et notoire, parce que celui qui a contracté avec un homme notoirement imbécile, est lui-même évidemment de mauvaise foi. Mais si la cause, quoique déjà existante, n'avait pas été généralement connue, on ne devrait pas prononcer la nullité de l'acte, parce que, dans le doute, la présomption est pour celui qui jouit de la plénitude de son état, et que, dans ce cas, la société ne doit pas souffrir de la négligence des parents à provoquer l'interdiction, ni ceux-ci être trop facilement reçus à combattre ce qu'ils ont toléré.

C'est à ceux qui attaquent les actes passés par l'interdit avant le jugement d'interdiction, à prouver, non-seulement que la cause de l'interdition remonte à cette époque, mais encore qu'elle était notoire : et cette notoriété peut être prouvée par tous les genres de preuves admis en justice.

Si la démence, sans être notoire, était néanmoins connue de celui qui a traité avec l'insensé, il y aurait, à plus forte raison, lieu à annulation, à charge de faire la preuve de cette connaissance ; ce qui n'est pas nécessaire quand la démence était notoire, puisque l'ignorance particulière du tiers n'est pas un obstacle à l'annulation, qui a pour base la présomption *juris et de jure* de connaissance, résultant de la notoriété.

Le long temps écoulé entre les actes attaqués et l'interdiction, est regardé comme un préjugé très-fort en faveur de leur validité.

Il faut remarquer que, quand les actes sont annulés dans le cas de l'art. 503, ils le sont sur le fondement d'une exception *réelle*, le défaut de consentement, en sorte que la caution de l'interdit peut invoquer cette exception (art. 1108-2036).

La conséquence du jugement d'interdiction n'est pas d'annuler de plein droit les actes passés antérieurement par l'interdit ; il ne serait pas possible de lui donner une telle extension, parce que l'on ne peut condamner celui qui n'a pas été en cause, et que ceux, qui ont contracté auparavant avec l'interdit, ne sont pas parties dans la procédure en interdiction. Néanmoins, cette sentence contient un préjugé très-fort contre ces actes, en ce qu'elle anéantit la fin de non recevoir que l'on aurait opposée à l'action en nullité, tant que l'interdiction n'aurait pas été prononcée ; elle a donc ici indirectement le même effet qu'un premier jugement, qui permettrait d'arriver à la discussion au fond, en écartant une fin de non recevoir : en sorte que celui qui a contracté avec l'interdit, ne peut plus faire revivre cette fin de non recevoir, puisque c'est chose jugée ; mais il peut encore défendre sur la question au fond, de savoir si la cause de l'interdiction existait déjà au temps où il a contracté, et si son existence était notoire ou non.

De plus, le Code civil ne porte pas que les actes antérieurs à l'interdiction *seront anéantis*, il porte seulement qu'ils *pourront être annulés*, si la cause de l'interdiction était notoirement préexistante ; d'où il résulte que la question du fond reste toute entière dans le domaine du juge ; que, dans tous les cas, il est permis au créancier de faire valoir les diverses circonstances qui prouveraient sa bonne foi ; et cela doit être ainsi, puisqu'il est permis de provoquer l'interdiction de l'homme qui est en démence, mais qui a des intervalles lucides ; en sorte que la démence pourrait être habituellement notoire dans un individu qui serait, à certaines époques, très-capable d'une volonté réfléchie. Il est, d'ailleurs, possible que l'action des parents, qui auraient négligé de provoquer l'interdiction, soit tellement défavorable qu'il soit du devoir de la justice de l'écarter.

Mais puisque la sentence porte nécessairement un préjugé contre le créancier antérieur, en ce qu'elle le prive de la fin de non recevoir qu'il aurait eue à opposer, pourrait-il intervenir dans la procédure, comme ayant à défendre à l'interdiction ? pourrait-il former tierce-opposition au jugement qui l'aurait prononcée, pour le faire rétracter et faire remettre les choses en entier, en ce qui le concerne ? La négative est certaine ; la loi ne reconnaît de contradicteur à l'interdiction que celui contre qui on la provoque ; son état, d'ailleurs, est indivisible ; il ne peut être interdit à l'égard des uns et ne pas l'être à l'égard des autres ; il est, par conséquent, contradicteur légitime pour tous ; et tous ceux, qui peuvent avoir des intérêts dérivant de son état, sont, dans sa personne, passibles de l'exception de la chose jugée, parce que la loi le constitue représentant de tous, en le nommant seul contradicteur légitime pour défendre.

Cependant, comme l'acte a été fait peut-être dant un moment lucide, et que l'individu n'était pas encore déclaré incapable, il y a lieu à l'appréciation des tribunaux sur le sort du contrat ; ils doivent prendre en considération la bonne ou mauvaise foi, d'un côté, et les circonstances de la cause, de l'autre.

Toutefois, lorsqu'il s'agit de régler le sort des actes antérieurs et attaqués comme faits en démence notoire, le tribunal doit ordonner une enquête autre que celle, qui a servi à faire prononcer l'interdiction ; il doit y avoir une enquête nouvelle dont les témoignages puissent être récusés ou contredits par les intéressés.

§ 4. *Dispositions particulières à l'égard de la personne et des biens de l'interdit.*

Le tuteur du mineur est, en règle générale, l'administrateur direct et immédiat de son pupille, sans qu'il puisse refuser cette charge, puisqu'elle fait partie de la tutelle dont l'office est forcé. La même règle n'est pas de rigueur dans la tutelle de l'interdit. Il est vrai que le tuteur doit pourvoir, autant que possible, aux besoins de l'interdit ; mais il est des cas où l'on ne pourrait le forcer à être l'administrateur immédiat de l'interdit. Le conseil de famille est particulièrement chargé de délibérer sur le sort de la personne de l'interdit et sur les moyens d'adoucir sa position : il peut arrêter que l'interdit sera traité dans son domicile, ou qu'il sera placé dans une maison de santé ou même dans un hospice (art. 510), si l'état où il se trouve, n'exige pas d'autres mesures, selon le caractère de sa maladie et l'état de sa fortune.

Si c'est une femme mariée qui est interdite, le conseil de famille n'a point à régler si elle sera soignée chez elle ou ailleurs ; c'est au mari seul à le décider.

Mais il est possible que l'interdiction ait lieu pour cause de fureur, et que l'existence libre du furieux soit de nature à compromettre la tranquillité publique : d'autres précautions deviennent alors nécessaires.

L'art. 15, tit. 1er de la loi du 22 juillet 1791, sur la police municipale, porte que ceux, qui laisseront divaguer des insensés ou furieux, seront, indépendamment des réparations ou indemnités envers les particuliers, condamnés à une amende qui ne peut être au-dessous de 40 sous, ni excéder 50 livres ; et si le fait est grave, à la détention de police municipale : on sent qu'il serait trop rigoureux de transformer les fonctions de tuteur en celles de geolier d'un interdit, et de le rendre responsable de tous les accidents que pourrait causer le furieux, lorsqu'il viendrait à tromper la vigilance de ses gardiens : c'est pourquoi le furieux doit être placé dans une maison de force.

Mais la réclusion de l'interdit en fureur n'est pas ordonnée comme punition des délits qu'il aurait commis, puisqu'on ne peut y voir que des faits purement matériels et non-intentionnels, et qu'elle doit également avoir lieu à l'égard de celui qui n'aurait causé aucun dommage : cette espèce de détention n'est donc qu'une mesure de précaution pour l'avenir ; d'où il résulte qu'elle est du ressort de l'administration qui a la police de prévoyance, et non du ressort de l'ordre judiciaire, qui ne peut jamais condamner à une réclusion que par forme de peine. Aussi l'ordre de détention, dans ce cas, fait-il partie des attributions de la police municipale chargée par la loi du 24 août 1790, art. 3, tit. 11, du soin d'obvier ou de remédier aux événements fâcheux causés par des insensés ou des furieux laissés en liberté.

Avant la publication du Code, la réclusion d'un homme en démence ou en fureur pouvait être ordonnée, sans qu'on eût préalablement procédé à son interdiction, parce qu'aucune loi ne prescrivait cette marche. Aujourd'hui encore, la police municipale peut ordonner l'arrestation provisoire de l'homme en fureur qui causerait du trouble, ou dont les divagations causeraient de justes craintes aux citoyens : mais il n'est pas permis d'ordonner sa détention, sans que l'état de démence ait été judiciairement constaté par la procédure en interdiction : c'est pour cela que l'art. 491 veut que, dans le cas de fureur, si l'interdiction n'est demandée par aucun parent, le procureur de la

B.   5

République soit tenude la provoquer lui-même, afin de pouvoir parvenir, par là, à obtenir ensuite, de l'autorité administrative, la réclusion du furieux.

Lorsqu'il s'agit du mariage de l'enfant de l'interdit, la dot ou l'avancement d'hoirie et les autres conventions matrimoniales (511), doivent être réglées par un avis du conseil de famille, homologué par le tribunal sur les conclusions du ministère public.

La constitution de dot ne peut jamais être faite par préciput ou hors part : ce ne peut être, comme le dit l'art. 511, qu'un avancement d'hoirie.

Si l'enfant majeur se dote de ses propres biens ou est doté par un tiers, l'avis du conseil de famille n'est pas nécessaire.

Si c'est le père qui est interdit, et la mère qui dote l'enfant, elle doit être autorisée par le tribunal quant à l'aliénation ; et, si son mari a la jouissance des biens qu'elle veut donner, elle doit ou la réserver à son mari, ou obtenir l'avis du conseil de famille homologué par le tribunal.

Enfin si c'est la mère qui est interdite, le père n'a besoin d'aucun consentement pour doter de ses biens ou de ceux de la communauté (art. 1422-1439).

Le conseil de famille qui doit délibérer sur la constitution de dot à prendre sur les biens de l'interdit, n'est pas composé des mêmes personnes dont se compose celui qui, en cas de décès des père et mère et de tous autres ascendants, consent au mariage du mineur : il est formé des parents ou aliés de l'interdit, tandis que l'autre est formé des parents ou alliés de l'enfant, qui sont bien les mêmes du côté de l'interdit, mais non dans l'autre ligne. Dans ce cas, il faudra deux conseils de famille, un pour autoriser le mariage et les conditions matrimoniales du mineur, et l'autre pour régler la dot qui sera fournie au nom de l'interdit (Sirey, 11, 2, 378, application de 511).

§ 5. *Emploi particulier des biens de l'interdit.*

Dans la tutelle ordinaire, le tuteur doit viser à la plus grande économie pour améliorer la fortune du mineur. Ce devoir n'est que bien secondaire dans la tutelle de l'interdit : ici, les revenus doivent être essentiellement employés à adoucir le sort de l'interdit, à accélérer sa guérison, selon le caractère de sa maladie et l'état de sa fortune (art. 510;) on ne doit donc épargner aucune dépense, même de pur agrément, pour lui donner de la satisfaction et du bien-être.

TROISIÈME PARTIE.

Cessation de l'interdiction.

CHAPITRE PREMIER ET UNIQUE.

QUAND ET COMMENT CESSE L'INTERDICTION.

L'interdiction cesse :
1° Par la mort de l'interdit,
2° Par la disparition des causes qui ont amené l'interdiction, c'est-à-dire, par la guérison. Mais le respect dû au jugement, qui a pro-

noncé l'interdiction, et la sûreté publique exigent qu'il soit détruit par un jugement rendu avec les mêmes formalités que le premier : et l'interdit ne peut reprendre l'exercice de ses droits qu'après le jugement de main-levée (Pr. civ., art. 513, 896).

C'est là une sage application de la règle : *Nihil tam naturale est quam eo genere quidque dissolvere, quo colligatum est.* L. 35, ff. *de regulis juris.*

Ces formalités consistent :

1° Dans une requête présentée au président (Pr. civ., art. 890) pour demander la main-levée ;

2° Dans la communication au ministère public et la nomination d'un rapporteur (Pr. civ., art. 891) ;

3° Dans le rapport du juge-commissaire et les conclusions du ministère public (Pr. civ., art. 892) ;

4° Dans l'avis du conseil de famille ;

5° Dans l'interrogatoire (art. 496);

6° Enfin il faut rendre le jugement de main-levée en audience publique.

Il n'est pas besoin que l'interdit se donne un contradicteur dans la personne de son tuteur ou de son subrogé tuteur.

Le conseil de famille, par son avis, le ministère public, par ses conclusions, sont seuls contradicteurs légitimes de la demande en main-levée.

Le tuteur et le subrogé tuteur ne peuvent former tierce-opposition par le motif qu'ils n'ont pas été appelés ; la jurisprudence (Sirey, 16, 1, 217), et la doctrine (Pigeau, 2, 435) ont été unanimes sur cette question.

Lorsque l'interdit demande la main-levée, il ne doit pas actionner son tuteur ou son subrogé tuteur ; car, si l'avis du conseil de famille est unanime pour la main-levée, il n'a besoin d'appeler personne, puisque tous consentent ; s'il n'y a pas unanimité, il n'a pas besoin non plus d'appeler ; car ceux qui sont d'un avis opposé à la main-levée, savent que la demande en main-levée est faite ; ils peuvent former opposition ; par acte extrajudiciaire signifié à l'interdit, qui doit les appeler ; sinon, ils peuvent s'opposer au jugement de main-levée (arg. de 888).

Le jugement n'est pas nul, faute d'avoir été rendu public par affiches (Sirey, 16, 1, 217); car il n'y a plus désormais de danger pour les tiers; la personne relevée rentre dans la classe ordinaire ; son nouvel état n'a pas besoin d'être porté à la connaissance de la société; c'est elle qui est intéressée à le faire connaître : elle donne pleine sécurité à cet égard, en produisant le jugement de main-levée.

JUS ROMANUM.

DE

CURA FURIOSI PRODIGIQUE.

Videndi sumus unam speciem propriam curationis : hæc est quæ dabatur prodigo furiosoque. Hæc curatio antiqua erat in jure romano : lex enim XII Tabularum edicebat : «Si furiosus est, adgnatorum gentilitiumque in eo pecuniaque ejus potestas esto : ast ei custos nec escit.»

Et verisimile est, ut lex XII Tabularum inveneri hanc curationem in moribus, et solum eam sanxeri.

Hæc cura est juris naturalis, nam decet ut lex adjuvet omnes homines, qui, ob infirmitatem quamcumque seu sexus, seu ætatis, seu morbi, se defendere non possunt.

Itaque hæc cura invenitur in legibus omnium fere populorum antiquitatis.

Circa hanc curationem videndum :

1° Ob quæ vitia animi, quibusque personis dentur, et quinam possint curatores dari ;

2° Agemus de administratione ;

3° Quæremus de actionibus quæ ex hac curatione descendunt ;

4° Et quando hæc cura finiatur.

CAPUT PRIMUM.

Ob quæ vitia animi, quibusque personis hi curatores dantur : et quinam curatores dari possunt.

Curatores, impleta legitima ætate prodigis furiosisque tribui solent (L. 1, C. 5, 70, de curat. fur.).

Furiosus seu demens est, qui non mentis suæ compos est, sive ei continuum infortunium furoris accidat, sive in quibusdam temporibus ei intermissio perveniat.

Prodigos intelligimus quibus per Prætorem bonis interdicitur.

Interdictionis hæc erat formula: «quando tua bona paterna avitaque nequitia tua disperdis, liberosque tuos ad ægestatem perducis, ob eam rem tibi ea re, commercioque interdico.»

Hi, quibus per Prætorem interdictum est bonis, nihil transferre poterant ad aliquem, quia non in bonis haberent, dicebat lex, id est, quia non habere viderentur, scilicet quoad disponendi facultatem, quum eis deminutio sit prohibita (L. 10, ff. 27, X.)

Curatores solum dantur his, qui illis vitiis laborant, si patresfamilias sint; non vero, si filiifamilias, quamvis peculium castrense habeant, aut alias res ex quacumque causa. Quis enim, dicebat lex, talis adfectus extraneus inveniatur, ut vincat paternum (L. 7, C. 5, 70).

Curatores dantur solum his, qui minorem ætatem egressi sunt.

Enimvero qui habet tutorem, si furere cœperit, in ea causa est, ut in tutela nihilominus duret.

Tale enim est jus, ut cesset cura, si tutelæ ætas indulgeat. Quare si tutorem habent, per furorem in curam non rediguntur; sive non habent et furor eis accesserit, nihilominus tutores accipere poterunt (L. 3, ff. 26, 1).

Et non solum curatores accipiunt mares, sed etiam mulieres : itaque quæ luxuriose vivunt, interdici bonis possunt (L. 15, ff. 27, 10).

Inter curatores alii sunt legitimi, id est, ex lege XII Tabularum dati; alii honorarii, id est, a prætore constituti (Ulp. frag. tit. 12, § 1).

Lex XII Tabularum furiosum prodigumve, cui bonis interdictum est, jubet esse in curatione adgnatorum gentilitiumve (Ulp. frag. tit. 12, § 2). Sed de casu, quo nec adgnatos, nec gentiles ullos haberet prodigus, in quorum curatione esse possit, tacuerat lex : sed postea ex officio prætoris vel præsidis fuit creatio curatoris, cum invenerint talem hominem, qui neque tempus, neque finem expensarum habet, sed bona sua dilacerando et dissipando profudit (L. 1, ff. 27, 10).

Nulla vero testamentaria est curatio; et semper manet apud prætorem curatoris honorarii datio. Attamen curator, his personis datus a patre ex testamento, confirmandus est a magistratu : et etiam absque ulla satisdatione, testimonio paterno sufficiente (L. 27, C. 1, 4).

In hoc casu, ante omnia, prætor debet sequi voluntatem patris et confirmare quem ille in testamento eligerit : judicium patris habetur pro certa probatione, et solvit prætorem obligatione cognitionis vitii, ut lex ei imperat in aliis casibus (l. 6 et 16, ff. 27, 10).

Hic locus de curatione dativa : quæ existit in hoc casu, quo pater in testamento curatorem dat filio suo prodigo furiosove : et quum legitima cura cessat, aut illi locus non est, scilicet, a prætore constituitur curator libertinis prodigis, itemque ingenuis, qui ex testamento parentis heredes facti, male dissipant bona sua; quia e lege curatorem accipere non poterant (Ulp. frag., tit. 12, § 3).

Item dativus curator datur, cum is, ad quem legitima cura pertinet, non est habilis (l. 13, ff. 27, 10).

Olim filio negabatur permittenda curatio patris, quia dicebant ve-
teres jurisconsulti, indecorum est patrem a filio regi : sed postea hæc
cura filio potius quam extraneo, si tamen probus erat, sobrieque
vixerat, data fuit (l.14, § 1, ff. 27, 10).

Curatio matris furiosæ pertinet quoque ad filium, pietas enim pa-
rentibus, etsi inæqualis est eorum potestas, æqua debetur (l. 4, ff. 27,
10).

At vir non potest uxori curator dari; ne deducantur nuptiæ in ca-
sum prohibitum ; prohibentur enim nuptiæ inter curatorem et eam
quæ in curatione ejus est: et ne , si quandoque resipuerit mulier, vir
auctoritate maritali abutatur et non rationes administrationis reddat
(l. 14, ff. 27, 10, et. Pand. Poth. 2, 250, 1).

Ex constitutione Anastasii, fratres emancipati habent jura adgnatorum quoad hanc curationem, sicut et quoad hereditatem fratrum
suorum (l. 5, Cod. 5, 70).

Creatur Romæ curator a Præfecto Urbi solo, si plebeius est prodigus furiosusve. Sin autem nobilis, debet Præfectus Urbi convocare Sena-
tum, ut ex inquisitione curator optimæ et integræ opinionis nomi-
netur.

In provinciis vero creatur apud præsidem coram Episcopo , tribusque primatibus civitatis (l. 6, Cod. 5, 70).

CAPUT SECUNDUM.

De administratione.

Administrationi hæc prævia sunt:

1° Ut satisdet curator, nisi a patre nominatus fuerit; aut ei, tanquam

B.   6

satis locupleti, remissa sit satisdatio : si quidem enim curator sub-
stantiam idoneam possideat, id sufficit ad fidem gubernationis et non
satisdat. Sin autem non talis ejus census inveniatur, tunc fidejussio,
in quantum possibile sit, ab eo explorari debetur (l. 26, Cod. 7, 4; l.
6, § 6, Cod. 5, 70).

2º Ut inventarium faciat cum omni subtilitate publice scriptum:
et si quid postea ad furiosum pervenerit, sive ex hereditate, vel succes-
sione, vel legato, vel fideicommisso, sive ex quacumque alia causa,
et cum alia ejus substantia manibus curatoris tradatur, inventarium
facere debet curator (l. 6, § 7, Cod. 5, 70).

3º Addidit Justinianus : ut juret curator apud Acta, se recte officio
functurum.

In omnio creatione, curator deducitur Romæ apud Præfectum Urbi;
in provinciis apud præsidem, præsentibus episcopo, tribusque primatibus civitatis, et tactis sacrosanctis evangeliis, edicit, «se omnia recte
et cum utilitate furiosi vel prodigi agere, et neque prætermittere ea,
quæ utilia putaverit, neque admittere quæ inutilia existimaverit» (l. 6,
§ 5, in fine, Cod. 5, 70).

Postquam his satisfecerit curator, administrare debet : et quamdiu
non satisfecerit, si quid gesserit nullum est, nisi in rem furiosi hoc
versum fuerit.

Consilio operaque tueri debet non solum patrimonium, sed et cor-
pus ac salus (l. 7, ff. 27, 10).

Hæc autem administratio porrigitur ad ea bona quæ furiosus habet, cum ei curator creatus est : sed et ad ea bona, quæ postea ei ad-
veniunt.

Si qua igitur hereditas furioso defertur, illi acquisita est. Olim du-
bitabatur quomodo adquiri posset furioso hereditas extranei : Justinianus constituit ut, in hoc casu, ad officium curatoris pertineret bo-
norum possessionem agnoscere, furiosi nomine (l. 7, § 3. C. 5, 70).

Ad officium quoque curatoris pertinet revocare, si quid furiosus,
antequam ei curator daretur, alienaverit : furiosus enim, priusquam ha-

beat curatorem, nihil utiliter gerere poterat, quum non haberet voluntatem ; et in ea re differt furiosus a prodigo (L. 3, C. 5, 70).

Curator nimirum alienare potest et obligare ex gestu suo res furiosi prodigive, sed solum si habet animum gerendi negotia : et
pignus a curatore datum valet, si, utilitate furiosi exigente, id fecit (l.
11, ff. 27, 10).

Curator tamen non potest alienare donandi causa, nisi e magna
utilitate furiosi et cognitione judicis, fecerit.

Possessiones rusticæ prodigi furiosive non possunt distrahi vel obli-
gari, sine præsidis decreto. Si igitur, citra decretum præsidis, fundus
dementis pignori nexus est a curatore, in eo non consistit. Utilem tamen adversus eum personalem actionem, si ob ejus utilitatem pecu-
nia mutua accepta sit, habere poterit creditor (l. 2, C. 5, 70).

Cum autem plures curatores sunt, quæsitum est an ratum sit quod
ab uno gestum est. An alteri recte solvatur, vel an unus rem furiosi
alienare possit? Responsum fuit : recte solvi ; et is, qui ab altero ex
curatoribus fundum furiosi legitime mercatur, usucapturus est : quia
solutio, venditio, traditio facti magis quam juris sunt ; ideoque sufficit unius e curatoribus persona , quia intelligitur alter consentire.
Denique si præsens unus vetet solvi, vendere, tradi, neque debitor li-
berabitur neque emptor usucapiet (l. 7, § 3, ff. 27, 10).

CAPUT TERTIUM.

Quæ ex hujus curæ administratione descendunt.

Actio, quæ descendit ex hac cura, est actio utilis, quæ competit, dum
negotia geruntur (l. 4, § 3, ff. 27, 3).

Hæc actio privilegium habet ; nam in bonis curatoris furiosi prodigive servatur privilegium : et omnia eorum bona sunt sub hypotheca.

Denique ultima obligatio curatoris est reddere rationes administrationis seu furioso, si resipuerit, seu heredibus (Nov. 72, cap. ult. et l. 7, § 5, C. 5, 70).

CAPUT QUARTUM.

Quando finiatur hæc cura.

Finito morbo, aut cessante prodigalitate, finitur cura, cum prætor, causa cognita, ita judicaverit. Sive furor continuus sit, seu intermissio perveniet furioso, cura durat semper : sed per intervalla, ipse furiosus, dum sapit, potest facere omnia quæ sano homini competunt.

DROIT ADMINISTRATIF.

ORGANISATION DE L'ADMINISTRATION DES FINANCES.

CHAPITRE PREMIER.

Ministère des finances.

A la tête de l'administration des finances, se trouve le ministre des finances, qui agit dans le cercle de ses attributions, et sous sa responsabilité ministérielle.

Et c'est là, un des ministères les plus importants : les fonctions de ce ministre sont de celles, qui intéressent le plus profondément, non-seulement l'existence même du gouvernement, mais encore celle de la société toute entière : car dans l'État, comme dans la vie privée, les ressources financières sont le nerf de toutes choses. Il s'agit pour le ministre des finances de faire face aux dépenses publiques, et d'appliquer les ressources nationales aux besoins publics.

Trouver ces ressources, sans trop gêner les citoyens, ne pas laisser languir les diverses branches de l'administration publique, savoir ménager les recettes de manière à pouvoir compter sur des ressources certaines, quand des circonstances extraordinaires exigent de plus fortes dépenses; enfin, n'asseoir les impôts que sur les individus, les biens, les denrées et les professions qui peuvent les supporter, et le faire sans tarir les sources de la prospérité: tel est le secret de la science des finances; c'est en cela que consiste l'art des financiers, c'est-à-dire, des fonctionnaires publics chargés, sous l'empire des lois, de la direction et du maniement des finances. Cette direction et ce maniement sont confiés en France à un seul agent, nommé ministre des finances.

Ses attributions comprennent deux ordres assez tranchés de fonctions: les finances proprement dites et le Trésor public.

Durant quelque temps, en 1800, ces deux administrations ont été séparées; la pensée qui avait présidé à cette séparation, était que l'une servît de contrôle à l'autre; aujourd'hui elles sont réunies, et c'est un progrès incontestable sous le rapport de l'unité d'action et de la rapidité du service.

Ainsi et d'une part, en ce qui concerne la direction des finances générales, la proposition et l'exécution des lois sur l'assiette, la répartition et le recouvrement des contributions directes, et sur l'établissement et la perception des contributions indirectes;

La direction et la surveillance de toutes les administrations financières, c'est-à-dire, de toutes les ressources du revenu public;

Enfin, toutes les régies, entreprises et baux, qui donnent un produit au Trésor public;

D'autre part, en ce qui concerne plus spécialement l'administration du Trésor, l'exécution des lois et règlements ayant pour objet de faciliter les rentrées des impôts, d'assurer les recettes et de régler les dépenses publiques;

La distribution des fonds à mettre à la disposition des divers autres ministères;

L'autorisation de payer leurs ordonnances délivrées dans les formes constitutionnelles ;

La formation, la tenue et les mutations du Grand-Livre de la dette publique et du registre général des pensions civiles et militaires ;

La rédaction des instructions réglant la comptabilité des receveurs généraux et particuliers des finances, des payeurs des départements, divisions, ports, armées et colonies ;

Les négociations exigées pour ce grand service ;

Le recouvrement des fonds eux-mêmes ;

Les poursuites pour le recouvrement des débets des comptables et autres débiteurs du Trésor ;

L'établissement des banques créées ou autorisées par les lois ;

La justification de toutes les recettes et de l'emploi de tous les revenus ;

Enfin, la réunion des éléments du budget de l'État en recettes et en dépenses, sa composition et sa présentation annuelle au pouvoir législatif ;

En outre, la présentation de la loi des comptes, c'est-à-dire, la justification de l'emploi des crédits ouverts par la législature.

Telle est la large part d'attributions confiée au ministre des finances, de l'administration suprême duquel dépend peut-être le plus la prospérité de l'État, et dont les lumières, l'exactitude, l'équité, la probité ont peut-être le plus d'influence sur toutes les parties de la vaste administration des finances et sur l'existence même de la société; car les divers ministres, qui garantissent la vie intérieure et extérieure de l'État, dépendent plus ou moins directement, sous le rapport pécuniaire, du ministre des finances.

CHAPITRE II.

Administration centrale des finances et du Trésor public, et des administrations financières spéciales.

Pour s'acquitter de ces vastes fonctions, pour communiquer aux administrations financières, à la tête desquelles il se trouve, la vie et l'unité d'action, le ministre des finances a sous son pouvoir et sa direction immédiate l'administration centrale des finances et du Trésor public d'un côté, et de l'autre les diverses directions spéciales des administrations financières chargées du recouvrement des impôts.

Une ordonnance royale du 16 décembre 1844 a déterminé la classification des services, dont la direction est confiée au ministre des finances, et arrêté la répartition du travail entre les divisions administratives qui se composent:

Du cabinet du ministre, direction du personnel et de l'inspection générale des finances;

Secrétariat général et contrôle des administrations financières;

Direction du contentieux des finances;

Direction du mouvement général des fonds;

Direction de la comptabilité générale;

Direction de la dette inscrite;

Service de la caisse centrale des finances;

Service du payeur central du Trésor;

Contrôle général.

Tous ces services sont dirigés par des directeurs, assistés de sous-directeurs; et divisés en bureaux, qui sont spécialement chargés de telles parties du travail général.

Telle est la composition de l'administration centrale des finances proprement dites et du Trésor public : c'est le service affecté à la direction générale des finances et aux dépenses publiques.

Maintenant, une autre branche bien distincte de l'administration centrale, c'est le service affecté aux revenus de l'État, au recouvrement des impôts; ce service général se divise en plusieurs branches, qui se trouvent toutes sous la direction aussi immédiate du ministre des finances, que l'administration des finances et du Trésor public.

Ces branches diverses sont :

La direction générale des contributions directes;

La direction générale de l'enregistrement et des domaines;

La direction générale des douanes et sels;

La direction générale des contributions indirectes;

La direction générale des tabacs;

La direction générale des postes;

La direction générale des forêts;

La commission des monnaies.

En général, toutes ces administrations ont une organisation uniforme; elles ont chacune à leur tête un directeur assisté de sous-directeurs; le travail est réparti entre un plus ou moins grand nombre de bureaux.

Ces directions sont, pour ces différentes administrations (sous la direction toutefois du ministre des finances), ce que le ministre est lui-même pour l'administration centrale des finances et du Trésor public.

La réunion dans un même local des différentes branches du ministère, en vertu de l'ordonnance royale du 4 novembre 1822, a permis de les rattacher d'une manière bien plus intime à la direction du ministre, et a placé dans les mains de cet administrateur la surveillance des frais du matériel, le choix d'une partie des préposés, la liquidation de leurs retraites, le contrôle immédiat surtout de leurs écritures et de leurs pièces comptables, le règlement de leurs cautionnements, la poursuite de leurs débets et l'ordonnancement des dépenses de tous les services. Cette réunion, enfin, a entraîné la suppression des caisses spéciales établies à Paris auprès de chacune des administrations financières (D'Audiffret, Système financier de la France, II, 169).

CHAPITRE III.

Service départemental des finances et du Trésor public.

Dans les départements, les agents auxiliaires et sédentaires de l'administration centrale des finances et du Trésor public se composent :

1° De receveurs généraux de finances, placés dans les chefs-lieux de département ;

2° De receveurs particuliers, placés dans les chefs-lieux d'arrondissement ;

3° De percepteurs auxquels une circonscription spéciale est assignée.

Ces receveurs généraux et particuliers sont chargés d'opérer le recouvrement et l'encaissement de tous les impôts et taxes quelconques, établis au profit du Trésor de l'État.

Les percepteurs ne reçoivent que les impôts directs ou ceux qui leur sont assimilés.

La surveillance sur tous les détails de la comptabilité existe hiérarchiquement, c'est-à-dire, que le receveur particulier ou d'arrondissement surveille la gestion des percepteurs et dirige leurs écritures. Les receveurs généraux agissent de même à l'égard des receveurs particuliers (Ordonn. du 29 nov. 1822, 7).

En cas de débet dans la caisse d'un percepteur, le receveur particulier est tenu d'en couvrir immédiatement le Trésor, et il se trouve subrogé aux droits du Trésor sur les biens et le cautionnement du comptable (id., 2).

Il en est de même à l'égard des receveurs généraux vis-à-vis des receveurs particuliers.

De plus, les receveurs généraux, en cas d'irrégularité dans les opérations de leurs subordonnés, peuvent provoquer contre eux telles mesures prescrites par les règlements, et même, dans certains cas, une suspension immédiate.

Les receveurs généraux de finances disposent, sous leur responsabilité des fonds reçus par les receveurs particuliers, soit qu'ils aient été versés à la recette générale, soit qu'ils aient été employés sur les lieux, soit qu'ils aient reçu toute autre direction commandée par les besoins du service (Ordonn. du 29 nov. 1822, art. 1er).

En un mot, ils sont chargés dans les départements du maniement et de la direction des fonds, sous la direction du ministre.

Quant aux fonctionnaires chargés d'acquitter les dépenses publiques de l'État, ce sont les payeurs qui sont placés, en général, dans chaque chef-lieu de département, et qui peuvent avoir dans le département des préposés là où le besoin du service l'exige.

Chaque payeur est préposé direct de l'administration centrale, et justiciable de la cour des comptes; aussi leur tâche est-elle bien simplifiée depuis la suppression des quatre payeurs généraux de la guerre, de la marine, des dépenses diverses et de la dette inscrite : du moment où ils n'ont plus été assujettis à des directions séparées, que tous leurs travaux ont été soumis aux mêmes formes et aux mêmes principes; que des nomenclatures précises de pièces justificatives, arrêtées de concert avec les ordonnateurs, ont remplacé des instructions diverses et difficiles à interpréter; du moment enfin, où ils n'ont plus eu, dans la dépense, que la part qui appartient véritablement à des préposés du Trésor, celle de satisfaire à tous les besoins, après en avoir recueilli la preuve matérielle et légale.

Les payeurs sont chargés d'acquitter les dépenses faites par chaque ministère, et c'est ici que se présente l'un des plus grands principes de garantie de notre organisation financière : nous voulons parler de la séparation du paiement et de l'ordonnancement. Aucune dépense, en effet, faite pour le compte de l'État, ne peut être acquittée si elle n'a été préalablement ordonnancée soit par un ministre, soit par un ordonnateur secondaire, en vertu d'une délégation ministérielle.

Les ministres ne peuvent, sous leur responsabilité morale et quelquefois matérielle, dépenser au delà du crédit voté par l'Assemblée pour le service de leur ministère, car le projet du budget général de l'État présente distinctement l'évaluation des dépenses par branches principales de service.

La votation du budget d'un exercice doit se faire avant d'entrer dans l'année de cet exercice, et l'on ne doit recourir qu'en des circonstances graves et de force majeure, à la mesure désastreuse des douzièmes provisoires: ce qui arrive, quand on est déjà entré dans un exercice, sans que le budget général de cet exercice ait été voté par le pouvoir législatif. Toute ordonnance, pour être admise par le ministre des finances, doit porter sur un crédit régulièrement ouvert. Les ordonnances se divisent en ordonnances de paiement et en ordonnances de délégation. Les premières sont celles, qui sont délivrées directement par le ministre, au nom et au profit d'un ou de plusieurs créanciers de l'État; les secondes sont celles par lesquelles les ministres autorisent les ordonnateurs secondaires à disposer d'une partie de leur crédit, par des mandats de paiement au nom et au profit d'un ou de plusieurs créanciers de l'État.

Toute ordonnance de paiement et tout mandat résultant d'une ordonnance de délégation doivent, lorsqu'ils sont présentés à une des caisses du Trésor public, être accompagnés des preuves qui constatent que leur effet est d'acquitter, en tout ou en partie, une dette de l'État régulièrement acquittée.

Le ministre des finances doit pourvoir à ce que toute ordonnance ou mandat, qui n'excède pas la limite du crédit, sur lequel ils doivent être imputés, soient acquittés dans les lieux et délais déterminés par le ministre ordonnateur.

Le paiement d'une ordonnance ou d'un mandat ne peut être suspendu par un payeur, qu'en cas d'omission ou d'irrégularité dans les pièces justificatives produites.

Néanmoins, il est tenu de payer, si le porteur de l'ordonnance ou du mandat exige qu'il passe outre et prend tout sous sa responsabilité; le payeur est tenu de payer en donnant avis immédiat de tout au ministre des finances (Ordonn. du 14 sept. 1822).

CHAPITRE IV.

Administration centrale et générale des revenus publics.

Cette administration, qui se décompose en plusieurs administrations spéciales, a pour mission le recouvrement des impôts votés dans le budget des recettes par le pouvoir législatif, comme l'administration des finances et du Trésor public a pour mission l'acquittement des dépenses publiques votées, dans le même budget général, au chapitre des dépenses.

Cette administration se divise en plusieurs branches :

Direction des contributions directes.

Direction de l'enregistrement et des domaines.

Direction des douanes et des sels.

Direction des contributions indirectes.

Direction des tabacs.

Direction générale des postes.

Direction générale des forêts.

Commission des monnaies.

Nous allons examiner succinctement la mission et le mécanisme de ces différentes administrations.

§ 1er. *Administration générale des contributions directes.*

Les contributions directes sont, ordinairement, les premières ressources qui s'offrent aux besoins des peuples, parce qu'il est plus facile d'atteindre, par un impôt fixe, les personnes et les propriétés, que de frapper, par des droits variables, les produits industriels livrés à la consommation.

Le directeur des contributions directes a pour agents auxiliaires des sous-directeurs; le travail se divise entre plusieurs bureaux.

Le service départemental se compose de directeurs, d'inspecteurs, de contrôleurs et de géomètres en chef du cadastre; ils sont destinés à asseoir l'impôt dans chaque département, chaque commune et pour chaque particulier.

La direction, qui forme (ainsi que nous l'avons dit plus haut et comme toutes celles dont nous allons parler) une division du ministère, a pour mission de concourir à l'exacte application de l'impôt, en donnant des matrices régulières et des états de section détaillés aux quelques 40,000 communes de France, en opérant avec soin tous les changements qui surviennent dans la situation des contribuables, et en préparant ainsi à l'avance la répartition annuelle du contingent entre les arrondissements, les communes et les contribuables. Elle est appelée, en outre, à établir les rôles, à délivrer les avertissements, à mettre en mouvement 8000 percepteurs en mesure de commencer le recouvrement de chaque exercice dès les premiers jours de janvier; elle est tenue d'instruire sans délai, toutes les réclamations de taxe, à reconnaître les cotes véritablement irrécouvrables, à constater les pertes arrivées par suite d'événements de force majeure, enfin à vérifier les demandes en dégrèvement, remises ou modérations.

L'administration des contributions directes est chargée d'établir les impositions extraordinaires autorisées annuellement par les votes du pouvoir législatif.

Les collecteurs de cet impôt sont les percepteurs : l'assiette de l'impôt est confiée à l'administration : jusqu'en 1800 l'assiette de l'impôt des patentes fut confiée à la régie de l'enregistrement.

§ 2. *Administration générale de l'enregistrement et des domaines.*

Pour celle-ci, comme pour la première et comme pour toutes celles que nous allons voir, le personnel de l'administration centrale est le même : un directeur, des sous-directeurs et des bureaux qui se partagent le travail.

L'organisation extérieure de ce service dans chaque département, est formée d'un directeur spécial, secondé par des inspecteurs, des vérificateurs et des receveurs : des conservateurs sont placés à chaque chef-lieu d'arrondissement.

Cette administration est importante par l'abondance de ses produits, et par les nombreux services qu'elle rend à la société.

L'enregistrement, en effet, donne la fixité aux actes par lesquels se constatent les transactions sociales, et imprime, à la plupart des contrats de la vie civile, un caractère inaliénable de régularité et de stabilité.

Comme administration purement fiscale, elle est chargée du recouvrement des droits d'enregistrement, de timbre, d'hypothèque, de greffe et des amendes de contravention.

Enfin, elle réunit à ces attributions variées la régie des biens mobiliers et immobiliers de l'État, la direction des opérations relatives à leur conservation ou à leur aliénation et à l'exploitation de leurs revenus.

§ 3. *Administration générale des douanes et sels.*

Le service auxiliaire intérieur dans les départements, se compose de directeurs, placés où le service l'exige, responsables de toutes les parties du service de comptables, qui sont les receveurs principaux et particuliers, répartis dans les directions.

Le service extérieur départemental se compose :

D'inspecteurs et de sous-inspecteurs chargés de seconder la surveillance et l'action des directeurs :

De commis principaux, vérificateurs, visiteurs, receveurs aux déclarations et commis expéditionnaires.

Des bureaux sont placés à toutes les issues du territoire, que le commerce a besoin de trouver ouvertes.

Mais le service administratif ne suffirait pas; il faut un service chargé de rechercher et de réprimer la fraude : il a pour mission de repousser la contrebande, qui se fait souvent en force et à main armée; il a donc fallu, quoiqu'ils appartinssent de fait à une administration civile, armer et organiser militairement les membres de ce service actif, divisé en brigades, qui ont des officiers à leur tête et qui sont placées sur toutes nos côtes et frontières : ils y sont à la disposition et sous les ordres des directeurs.

La mission de cette administration est très-importante : elle est chargée de mettre nos produits à l'abri de la concurrence étrangère, de favoriser l'agriculture par le secours et les encouragements que le tarif accorde aux productions de notre sol, de défendre nos manufactures et nos fabriques par des droits répulsifs sagement ménagés ; enfin, de développer toutes les sources de la richesse publique en assurant aux efforts du travail national une protection certaine et efficace. Ce service est destiné par les lois à repousser entièrement certains objets préjudiciables à notre situation où, dont le pays s'est réservé le marché dans l'intérieur, à écarter les fabrications étrangères qui ruineraient l'industrie nationale; à ne laisser pénétrer d'autres marchandises qu'après leur avoir fait subir le droit protecteur, qui tient lieu de prime aux établissements du pays, et enfin, à asseoir des taxes de consommations sur les sels et les produits coloniaux.

Il est l'auxiliaire de plusieurs autres branches d'administration :

telles que la police des grains, la police sanitaire, celle de la librairie, des passeports, des armes et des poudres à feu : il concourt à la surveillance qu'exerce la régie des contributions indirectes sur les boissons, les tabacs, les cartes et les ouvrages d'or et d'argent.

§ 4. *Administration générale des tabacs.*

Le service intérieur des neuf départements, dans lesquels la culture est permise, ne s'applique, comme service intérieur, qu'à la culture, à la fabrication et à l'emmagasinage des tabacs : il se compose de directeurs, de garde-magasins, de commis, etc.

Le service extérieur se compose d'inspecteurs de la culture et des magasins de feuilles.

De contrôleurs de magasins et de manufactures.

D'inspecteurs de fabrication.

De contrôleurs de fabrication.

De sous-inspecteurs et de sous-contrôleurs.

De contrôleurs ordinaires de la culture.

Cette administration a pour mission de surveiller la culture, d'empêcher qu'il ne soit rien distrait par les planteurs, de veiller à la fabrication et à l'emmagasinage.

Quant au rapport purement financier, cette administration n'en a pas de direct ; car l'impôt qui frappe sur les consommateurs de tabac, sous la forme du monopole exercé par l'État, est recouvré par la régie des contributions indirectes.

§ 5. *Administration générale des contributions indirectes.*

Le service intérieur départemental se compose :

De directeurs de départements ;

B.   8

De directeurs d'arrondissements;

De contrôleurs de comptabilité pour suppléer ces premiers dans la suite de leurs travaux multipliés, et les remplacer en cas d'absence;

De receveurs principaux et particuliers pour la perception des droits au comptant et la délivrance des expéditions;

D'employés du service de perception du produit des chemins de fer exploités pour le compte de l'État.

Le service extérieur se compose de contrôleurs ambulants pour surveiller l'exactitude et l'activité du service local;

De contrôleurs de ville;

De receveurs ambulants à pied ou à cheval, recueillant les fonds versés chez les receveurs buralistes, et vérifiant les caisses et les écritures;

De contrôleurs surveillants de la navigation;

De contrôleurs vérificateurs et commis près des salines.

Les receveurs principaux centralisent les recettes; les receveurs sédentaires font rentrer, dans chaque ville, les produits des droits constatés.

Il existe aussi un service de répression de la fraude sur les tabacs : il se compose de brigades et d'inspecteurs de ces brigades.

Un entreposeur, dans chaque chef-lieu d'arrondissement, reçoit et livre aux débitants les tabacs et poudres à feu, que la régie fait vendre aux consommateurs.

La régie a pour mission de recouvrer les droits de circulation, d'entrée, de détail et de consommation sur les boissons, de percevoir les droits qui frappent sur la fabrication de la bière, sur les voitures publiques, sur la navigation intérieure sur les fleuves, rivières et canaux navigables, le droit de garantie sur les objets d'or et d'argent et sur la fabrication des cartes à jouer.

Enfin elle est chargée de la perception du droit sur les sels à l'intérieur de la France.

§ 6. *Administration générale des postes.*

Le service d'administration et de perception embrasse :
Le service de Paris,
Le service commun à Paris et aux départements,
Le service des départements entre eux.

Les bureaux établis à Paris, à l'hôtel des Postes, pour le service de Paris et le service commun à Paris et aux départements, comprennent de nombreux agents, chefs de bureaux, expéditionnaires, etc.

Le service intérieur départemental se compose de directeurs à appointements fixes et de directeurs à bureaux de taxation, de commis, de distributeurs, etc.

Le service extérieur d'administration et de perception dans les départements se compose :
D'inspecteurs et de sous-inspecteurs.

Le service de transport des dépêches embrasse :
Le transport en postes, employant les maîtres de postes et les courriers ;
Le transport des paquebots, employant des agents civils et des marins.

L'administration a pour mission de transporter à leur destination les lettres et dépêches, de les distribuer et de percevoir, à domicile ou aux bureaux, les droits de transport.

Elle se charge aussi de transporter les voyageurs.

§ 7. *Administration générale des forêts.*

Le travail réparti par le directeur général et les sous-directeur entre plusieurs bureaux, a pour objet la conservation, l'exploitation, l'amélioration des bois nationaux, la surveillance sur les bois des communes et établissements publics, et, jusqu'à un certain point, sur les bois des particuliers; la pêche dans les fleuves et rivières dépendant du domaine public.

Le service intérieur se compose de conservateurs ayant une circonscription comprenant plusieurs départements;

De commis de leurs bureaux,

Et d'un certain nombre d'élèves de l'école forestière.

Le service extérieur se compose :

D'inspecteurs et de sous-inspecteurs;

De gardes généraux;

De gardes à cheval, brigadiers, gardes-forestiers.

Un service spécial, celui de l'école forestière, située à Nancy, dépend de l'administration centrale, et a pour but de former des agents éclairés pour l'administration des forêts, en commençant par le grade de garde général.

§ 8. *Commission des monnaies.*

Elle compte à sa tête non plus un directeur, mais un président et un commissaire général de l'administration;

Un directeur des essais, également commissaire général;

Et plusieurs autres agents.

Cette administration a sous sa surveillance, à Paris :

Le musée monétaire et la fabrication des médailles.

Elle se compose d'un conservateur du musée;

D'un contrôleur à la fabrication des médailles;

Il y a un service spécial de la garantie des monnaies composé d'inspecteurs, de vérificateurs et d'essayeurs de la garantie.

Le service des établissements monétaires dans les départements se divise en sept hôtels des monnaies, où se fabriquent les espèces d'or, d'argent et de cuivre.

Dans chacun de ces hôtels les fonctionnaires sont :

Un directeur de la fabrication ,

Un commissaire du gouvernement ,

Un contrôleur au monnayage,

Un contrôleur au change.

Les attributions de la commission sont :

1° De juger le titre et le poids des espèces fabriquées ;

2° De délivrer aux essayeurs du commerce et des bureaux de garanties les certificats de capacité, dont ils ont besoin ;

3° Enfin de statuer sur les difficultés relatives à la marque et au titre des lingots et ouvrages d'or et d'argent. Elle est encore chargée de surveiller la fabrication des médailles d'or, d'argent et de bronze, d'en faire constater le titre et d'en autoriser la délivrance ou la mise en vente.

APPENDICE AUX CHAPITRES 3 et 4.

Un service spécial de contrôle général se compose d'inspecteurs des finances de plusieurs classes, qui ont pour mission de surveiller les caisses, les écritures et les opérations de tous les comptables de l'administration financière.

Un principe de garantie très-puissant est le principe en vertu duquel tout comptable de deniers publics doit fournir, avant d'entrer en charge, un cautionnement que l'État garde, dont il leur paie les intérêts, et qui est destiné à indemniser l'État en cas de débet ou de retard.

CHAPITRE V.

Cour des comptes.

Au-dessus de toutes les administrations financières que nous venons de voir, se trouve un contrôle tout puissant et général, celui de la cour des comptes.

Elle se compose actuellement d'un premier président, de trois présidents, de douze conseillers maîtres, de quinze conseillers référendaires de première classe, et de cinquante-cinq conseillers référendaires de deuxième classe, d'un procureur général et d'un greffier en chef.

Les membres de cette cour sont nommés à vie.

La cour est chargée de juger les comptes de recettes et dépenses publiques, qui lui sont présentés chaque année par les receveurs généraux des finances, les payeurs du Trésor public, les receveurs de l'enregistrement, du timbre et des domaines, les receveurs des contributions directes, les directeurs comptables des postes, les directeurs des monnaies, le caissier central du Trésor public et l'agent responsable du virement des comptes.

Sa surveillance s'étend aussi sur les comptes annuels des trésoriers coloniaux, du trésorier général des invalides de la marine, des économes des colléges, des commissaires des poudres et salpêtres, de l'agent comptable du transfert des rentes inscrites au grand livre de la dette publique, de l'agent comptable du grand livre et de celui des pensions de l'imprimerie nationale, de la régie des salines de l'Est, des receveurs des communes, hospices et établissements de bienfaisance, enfin sur tous les comptes qui lui sont attribués par les lois.

Elle statue en outre sur les pourvois qui lui sont présentés contre les comptes annuels des receveurs des hospices, communes et établissements publics de bienfaisance.

Les comptables des deniers publics sont tenus de déposer leurs comptes au greffe de la cour dans les délais prescrits; et, en cas de défaut ou de retard, ils sont passibles des peines et amendes réglementaires.

La cour règle et apure les comptes présentés; elle établit par ses arrêts définitifs, si les comptables sont quittes, en avance, ou en débet.

Dans les deux premiers cas, elle prononce leur décharge et ordonne la main-levée et la radiation des oppositions et inscriptions hypothécaires, grevant leurs biens à raison de la gestion dont le compte est jugé.

Dans le dernier cas, elle les condamne à solder au Trésor leur débet dans le délai légal.

Une expédition de cet arrêt doit être remise au ministre des finances pour en faire suivre l'exécution par l'agent du Trésor, établi près de lui.

La cour, nonobstant l'arrêt définitif, peut procéder à la révision d'un compte, soit d'office, soit à la requête du procureur général, soit sur la demande du comptable appuyée de pièces justificatives.

Les motifs de cette révision sont les erreurs, les omissions, les faux ou doubles emplois reconnus par la vérification d'autres comptes.

Elle prononce sur les demandes en réduction, en translation d'hypothèques formées par les comptables encore en exercice ou par ceux hors d'exercice, mais dont les comptes ne sont pas définitivement apurés.

La cour doit seulement exiger des sûretés suffisantes pour sauvegarder les droits du Trésor.

Dans le cas d'enlèvement des deniers publics par force majeure, la cour a le pouvoir d'apprécier les preuves de fait et d'admettre l'excuse.

Si elle trouve dans l'examen des comptes des faux ou concussions, elle en rend compte au ministre des finances, et en réfère au ministre de la justice pour faire poursuivre les auteurs devant les tribunaux ordinaires.

Mais elle ne peut, en aucun cas, s'attribuer de juridiction sur les ordonnateurs, ou refuser aux payeurs l'apurement des paiements par eux faits sur des ordonnances revêtues des formalités prescrites et accompagnées des acquits des parties prenantes et des pièces justificatives que l'ordonnateur a prescrit d'y joindre : autrement la cour pourrait de fait se mettre à la place de l'ordonnateur suprême et devenir ordonnateur suprême ; alors, ou le véritable ordonnateur se trouverait engagé à son insu, contre sa propre volonté ; ou sa responsabilité devrait disparaître. Aussi, la garantie contre cette infraction possible, c'est le recours en cassation devant le conseil d'État, conformément au règlement du contentieux.

La cour est aussi l'instrument de deux grands moyens de contrôle public : elle doit annuellement dresser et publier une déclaration de conformité entre les comptes individuels des ministres et leurs comptes généraux, et présenter au chef du pouvoir exécutif le rapport annuel du résultat général de ses travaux.

Vu par nous, président de la thèse, SCHUTZENBERGER.

FIN.